PENSÉES
QUOTIDIENNES

Éditions Prosveta S.A. – B.P.12 – 83601 Fréjus Cedex (France)
ISBN 978-2-85566-991-5

Omraam Mikhaël Aïvanhov

PENSÉES QUOTIDIENNES

2011

PROSVETA

« Chaque matin, avant d'entreprendre quoi que ce soit, recueillez-vous un moment afin d'introduire en vous la paix et l'harmonie, et de vous lier au Créateur en Lui consacrant, par la prière et la méditation, cette journée qui commence.

L'essentiel, c'est le commencement. C'est là, au commencement, que les forces nouvelles se déclenchent et s'orientent. Pour agir correctement, il faut toujours commencer par chercher la lumière. Quand il fait nuit, vous ne vous précipitez pas dans l'obscurité pour aller prendre un objet ou commencer un travail, mais vous allumez d'abord une lampe pour y voir, et ensuite vous agissez. Eh bien, pour n'importe quel cas dans la vie, vous avez tout d'abord besoin d'allumer la lumière, c'est-à-dire de vous concentrer, de vous recueillir, afin de savoir comment agir. Si vous n'avez pas cette lumière, vous irez à gauche, à droite, vous frapperez à plusieurs portes, et vous ne ferez rien de bon.

Toute la journée est inscrite dans la direction que vous donnez dès le matin à vos pensées. Car suivant que vous êtes attentif et vigilant ou non, vous déblayez le chemin ou, au contraire, vous l'encombrez de toutes sortes de choses inutiles ou même nocives. Le disciple de la Science initiatique sait comment il doit commencer la journée s'il veut qu'elle soit fructueuse, remplie de la grâce de Dieu, afin de pouvoir répandre cette grâce autour de lui sur toutes les créatures. Il sait qu'il doit avoir, dès le matin, une pensée fondamentale autour de laquelle graviteront, durant la journée, toutes ses autres pensées.

Si vous avez pour chaque jour un but précis, une orientation précise, un idéal à atteindre, toutes vos activités vont peu à peu s'ordonner, s'organiser et contribuer à la réalisation de cet idéal. Et même lorsque des pensées et des sentiments étrangers, négatifs, tenteront d'entrer en vous, ils seront détournés et mis au service du monde divin, ils seront obligés eux aussi d'aller dans la direction que vous avez vous-même choisi de prendre. Et c'est ainsi que, grâce à la pensée fondamentale que vous aurez placée dès le matin dans votre tête, dans votre cœur, vous pourrez inscrire cette journée dans le grand Livre de la Vie.

Et puisque tout s'inscrit, une fois que vous aurez vécu une journée splendide, une journée de vie éternelle, non seulement elle sera enregistrée, non seulement elle ne mourra pas, mais elle tâchera d'entraîner toutes les autres journées à sa suite pour qu'elles lui ressemblent. Essayez au moins de bien vivre une seule journée car c'est elle qui influencera les autres : elle va les inviter pour leur parler et les convaincre d'être comme elle, équilibrées, ordonnées, harmonieuses. »

Omraam Mikhaël Aïvanhov

Imaginez que vous traciez un sillon et que dans ce sillon vous fassiez couler de l'eau. Ce sillon, c'est la sagesse qui vous indique la bonne direction, le chemin à suivre ; et l'eau, c'est l'amour qui vous soutient tout au long de ce chemin. Chaque journée que vous vivez dans la sagesse et dans l'amour prépare la suivante où vous avancerez plus facilement. Aujourd'hui fait suite à hier, demain viendra à son tour, puis les mois, les années, toute la vie. Et une vie trace la voie pour les incarnations futures.

Au commencement, vous sentirez, bien sûr, que vous n'avez pas de pouvoir sur une journée entière ni même sur une heure, mais seulement sur la minute présente. Eh bien, pour une minute au moins, faites l'effort de créer en vous la clarté, la paix. Cette minute influencera la suivante, et ainsi, minute après minute, c'est la journée entière que vous vivrez dans l'harmonie.

La vraie joie est une disposition de l'âme qui, par-delà les difficultés, les obstacles et les chagrins, ressent la vie comme un don de Dieu pour lequel elle ne peut éprouver que de la reconnaissance et le besoin de remercier.

Si vous voulez recevoir souvent les visites de la joie, cultivez en vous ce sentiment de gratitude envers le Créateur, mais aussi envers la nature et envers les êtres humains. Ainsi, alors même que vous n'aurez aucune raison de vous réjouir, ce sentiment que vous vous serez habitué à entretenir viendra vous prendre par surprise. Comme des amis qui arrivent quelquefois à l'improviste vous faire une visite à laquelle vous ne vous attendiez pas.

Vous lisez ou vous entendez une parole qui vous émerveille : c'est une révélation, vous sentez quelque chose de nouveau se produire en vous. Et en effet une parole de vérité possède un réel pouvoir magique. Mais si vous ne faites rien avec l'idée exprimée par cette parole, ses effets s'estompent. Il ne vous reste qu'à chercher à entendre de nouvelles paroles pour éprouver les mêmes émotions spirituelles, lesquelles vont pareillement s'effacer. Alors, à quoi rime tout cela ?

Vous devez trouver enfin une bonne méthode de travail : quand vous avez reçu une vérité, ne vous contentez pas d'être émerveillé pendant quelques minutes, essayez de vivre toute la journée avec elle. En travaillant, en vous promenant, en écoutant de la musique, en faisant la cuisine ou le ménage, etc., ne la lâchez pas. Étudiez-la sous tous ses aspects, essayez de comprendre comment elle se vérifie dans tous les domaines et dans toutes les circonstances. Ainsi vous la ferez s'incarner en vous.

Parmi toutes les réalités visibles, la lumière est celle qui exprime le mieux le monde spirituel. Elle nous permet de voir, mais elle-même est insaisissable. C'est pourquoi on assimile souvent Dieu à la lumière. On dit que Dieu est lumière, mais quelle lumière ?... En réalité, nous ne connaissons pas la lumière ; ce que nous appelons ainsi n'est encore qu'une matérialisation grossière d'une puissance située bien au-delà et qui a accepté de se manifester sous forme de radiations, de vibrations.

Dieu est donc beaucoup plus que l'idée que peut nous en donner la lumière. Rien ne peut nous donner une idée de Lui, rien ne peut Le définir, excepté ce que nous parvenons à découvrir en nous lorsque nous nous mettons à son service. Mais à ce moment-là encore, même si nous pouvons dire ce que nous vivons, ce que nous ressentons, nous ne pouvons pas dire ce qu'est Dieu.

Tellement d'hommes et de femmes fuient dans l'avenir, parce qu'ils ne peuvent pas supporter leur présent ! Mais ils n'y gagnent rien, car un jour ou l'autre ils seront bien obligés de se rendre à l'évidence : cet avenir qu'ils imaginaient n'ayant aucun fondement solide, c'est le vide qu'ils découvrent, et l'angoisse. Qu'ils commencent par bien vivre aujourd'hui où ils ont tellement de choses à goûter, à voir, à apprécier, à penser ! Mais pour vivre le moment présent, ils doivent apprendre à s'arrêter, à faire une pause, à ne plus se laisser emporter par la succession des événements et des états intérieurs que ces événements créent en eux.

Bien sûr, la vie n'est qu'un flux ininterrompu, mais il faut trouver le moyen de s'arrêter pour mettre un peu d'ordre en soi-même, pour s'accorder à des rythmes plus harmonieux. Et c'est en cela que la méditation est tellement nécessaire. Méditer, c'est ralentir la marche précipitée du temps afin d'introduire en soi un rythme, une paix, une lumière qui longtemps encore laisseront leur empreinte.

Gardez précieusement dans votre âme l'image de la source qui coule, afin de ne jamais laisser tarir en vous la source de la vie. Et pour faire couler la source, il faut aimer. Bien sûr, vous direz que vous aimez, et que tout le monde aime. Oui, mais de quel amour ? Un amour qui vous fait souffrir.

Celui qui possède la véritable science de l'amour est sans arrêt inspiré, dilaté, il vit dans la poésie, la beauté, parce qu'il a appris à aimer toutes les créatures humaines. Mais il les aime de loin, il sait que s'il s'approche trop, il sera déçu, et comme il ne veut pas être déçu, il garde des distances ; alors, que ces créatures se manifestent avec bonté, générosité, fidélité ou non, il est émerveillé. C'est pourquoi, à tous ceux qui se plaignent d'avoir été déçus par les êtres qu'ils aimaient, on peut répondre : « C'est de votre faute, vous avez trop voulu vous rapprocher et, évidemment, ce que vous avez vu n'était pas fameux : des caves avec des moisissures et des toiles d'araignées, des marécages, des terrains couverts de ronces et d'épines… Il était fatal que vous soyez déçus. » Donc, voilà, les hommes et les femmes, si on veut continuer à les aimer et à être émerveillé par eux, il faut les contempler d'un peu loin.

Vous êtes habitués à prendre la vie comme elle vient, sans vous douter que les événements sont une matière qu'il faut chercher à accommoder, comme vous accommodez la nourriture en la faisant cuire, en y ajoutant certains ingrédients : huile, vinaigre, sel, poivre, etc. Et, de même, vous ne mangez pas les poissons tels qu'ils viennent d'être pêchés, ni les légumes tels qu'ils viennent d'être arrachés à la terre.

La cuisine est donc l'art de rendre mangeables et même succulents toutes sortes de produits qui seraient indigestes ou insipides si on ne s'occupait pas de les nettoyer, de les faire cuire, de les assaisonner. Et il en est de même pour le bonheur. Le bonheur est le résultat d'une véritable cuisine intérieure. Les bons moments de l'existence ne viennent pas se présenter spontanément à vous, et vous ne les cueillez pas comme on cueille un fruit mûr sur l'arbre en passant. Vous devez apprendre à travailler sur chaque situation, et particulièrement sur les situations difficiles, douloureuses, en y ajoutant des éléments de votre esprit et de votre âme, c'est-à-dire des éléments de la sagesse et de l'amour divins.

Si, sur la terre, il y a des lieux, des territoires où vous ne pouvez pénétrer qu'en présentant un laissez-passer, un passeport, un visa, c'est encore plus vrai pour le monde divin. Il ne suffit pas que vous vous présentiez aux portes du Ciel pour qu'elles s'ouvrent devant vous. Des entités sont là qui vous disent : « Attendez, nous devons d'abord voir qui vous êtes et si nous pouvons vous laisser entrer. »

Et qui est-ce qui se prononce alors ? Les vertus. Oui, chaque fois que vous avez agi conformément aux vertus divines, elles vous marquent de leur sceau, chacune laisse sur vous des traces, des empreintes, et c'est cela votre laissez-passer. Muni de ce laissez-passer, vous vous présentez aux frontières du monde divin ; là, une sorte de mécanisme se déclenche et vous entrez. Vous ne serez peut-être pas admis déjà dans le Saint des Saints, mais vous entrez.

Jésus disait : *« Ayez du sel en vous-mêmes et soyez en paix les uns avec les autres. »* Quelle relation y a-t-il entre le sel et cette paix qui doit régner entre les êtres ? Dans certains pays, on reçoit ses hôtes en leur offrant le pain et le sel en signe de bienvenue. Il y a là, sous-entendues, les relations harmonieuses qu'établissent entre eux des hommes et des femmes qui mangent ensemble. Car on ne s'assied pas à la même table pour entrer en conflit et régler des comptes… même si cela arrive parfois !

Et quelle est la nature de ce sel qui nous permet de vivre en paix les uns avec les autres ?… Dans une de ses conférences, le Maître Peter Deunov disait : « Ce n'est que par le sel, par cet équilibre entre votre intellect et votre cœur, que vous rétablirez la paix en vous. » Le sel est donc le résultat d'un accord en nous entre les deux principes masculin et féminin, l'intellect et le cœur. C'est grâce à cet accord entre les deux principes que nous trouvons la paix ; et une fois que nous vivons intérieurement dans la paix, nous pouvons vivre aussi en paix avec les autres.

Vous avez commis des erreurs, et intérieurement vous vous sentez condamné ?... Ou bien, même sans vous être rendu coupable d'aucune faute précise, vous souffrez beaucoup d'être encore si imparfait, si faible, si misérable ?... Même au plus profond de votre détresse, n'oubliez jamais que le Seigneur vous attend dans ses palais. Élancez-vous vers Lui, courez très vite pour échapper, pour vous arracher à tout ce qui peut vous empêcher d'accéder jusqu'à Lui.

Et qu'est-ce qui vous permet de courir ainsi ? La prière. La prière intense, fervente. C'est elle qui vous fait sauter par-dessus tous les obstacles, franchir toutes les portes... Et quand vous parvenez dans la salle du festin où le Seigneur se réjouit au milieu de ses anges et des âmes des Justes, Il dit aux gardiens prêts à chasser cet intrus : *« Non, puisque son élan l'a projeté jusqu'ici, il a le droit de s'asseoir parmi nous, faites-lui une place. »* Et tel que vous êtes, vous êtes accepté.

Ressentir est une chose, et penser en est une autre, mais trop souvent la sensation déteint sur la pensée. Il arrive que vous vous sentiez épuisé, ce qui n'a rien d'anormal ; mais voilà que cette sensation déclenche en vous des pensées et des sentiments de découragement, de tristesse, de désespoir. Eh bien, non, dans ces moments-là, c'est la pensée qui doit agir sur la sensation : même si elle ne peut pas la vaincre, elle doit être là comme une lumière, comme un phare au loin. La pensée vous dit que vous pouvez vous redresser ; alors, malgré votre lassitude et votre épuisement, c'est elle que vous devez croire et non vos sensations.

Il n'y a plus une goutte d'énergie dans votre réservoir ? Rappelez-vous que le réservoir cosmique est plein, et c'est là que vous devez aller puiser par la pensée. Car la pensée sert aussi à cela : à peine quelques gouttes puisées dans ce réservoir d'énergies, et la flamme de votre veilleuse, qui était en train de s'éteindre, brille à nouveau.

Le Ciel ne résiste pas à celui qui a compris la valeur de l'amour désintéressé. Jour et nuit il le récompense. Et même s'il arrive qu'il soit lésé, le Ciel fait en sorte qu'il ressente encore ce dommage comme une récompense. Vous êtes choqué, vous dites que vous ne pouvez pas concevoir une idée pareille… Mais pourquoi ? Parce que vous n'en avez pas encore fait l'expérience.

Aujourd'hui, même si elle vous paraît incompréhensible, faites l'effort de méditer cette vérité. Dieu a construit l'univers de telle sorte que ce dont nous sommes privés dans un plan nous est rendu dans un autre, et mille fois mieux encore, si nous savons comment le chercher. Celui qui connaît le secret de l'amour et du sacrifice donne tout et il reçoit tout.

C'est la nuit, pendant le sommeil, que vous avez de bonnes conditions pour vous instruire dans le monde invisible. Et même si vous ne gardez aucun souvenir précis de ce que vous avez appris, vous pouvez sentir parfois que des éléments nouveaux se sont ajoutés à votre compréhension des choses.

Chaque jour est une nouvelle existence. Chaque matin vous naissez au monde et chaque soir vous quittez le monde ; il est important pour vous de bien vivre ce dernier moment de votre journée car il prépare les conditions pour le jour suivant. Quelle que soit la journée que vous venez de passer, au moment de vous endormir efforcez-vous de chasser tout ce qui peut obscurcir votre conscience. Appelez les meilleures pensées et les meilleurs sentiments afin qu'ils vous accompagnent dans ce voyage sacré que vous allez faire dans l'autre monde. Le lendemain vous entrerez dans la nouvelle journée avec des sensations de lumière, de paix et de joie.

Pour agir chaque jour correctement, il est important de surveiller la place que l'on accorde au sentiment et celle que l'on accorde à la pensée. Observez-vous : dans combien de cas ce sont les sentiments, les passions, les instincts qui commandent, et la pensée reste en retrait, elle laisse faire ; ou bien, si elle intervient, c'est pour fournir aux passions les moyens d'arriver à leurs fins. Eh bien, cela s'appelle vivre dans l'anarchie. Quand la pensée ne remplit pas son rôle, c'est-à-dire quand elle ne s'applique pas à maîtriser les sentiments et les désirs, c'est l'anarchie.

Vous êtes-vous demandé pourquoi l'Intelligence cosmique a placé notre tête au sommet du corps et notre cœur un peu plus bas ? C'est exactement comme dans un navire : en haut il y a le capitaine, et en bas les machines. Les machines font avancer le navire, mais le capitaine décide de la direction. Nous aussi, nous avons un moteur, le cœur, qui pousse notre navire. Mais où ira le cœur s'il n'est pas orienté par la tête, le capitaine là-haut, qui observe et donne des ordres afin que le navire arrive à bon port ?

Le disciple attend toujours une visite : celle d'une entité spirituelle, d'un envoyé du Ciel, et parce qu'il attend, tous ses centres subtils entrent en activité. Il sait qu'une grande puissance réside dans l'attente, c'est elle qui le maintient éveillé, afin qu'au moment où viendront les visiteurs, il soit prêt à leur ouvrir son âme et son esprit.

Cette puissance de l'attente, Jésus aussi la souligne dans ce passage des *Évangiles* où il dit à ses disciples : *« Soyez semblables à des hommes qui attendent que leur maître revienne des noces, afin de lui ouvrir dès qu'il arrivera et frappera. Heureux ces serviteurs que le maître, à son arrivée, trouvera veillant ! Je vous le dis en vérité, il se ceindra, les fera mettre à table et s'approchera pour les servir.* » Et voilà : ces serviteurs qui ont veillé en attendant l'arrivée de leur maître, non seulement le maître les invite à sa table, mais c'est lui qui les sert !

Mettez le mot « harmonie » au cœur de votre existence, gardez-le en vous comme une sorte de diapason, et dès que vous vous sentez un peu inquiet ou troublé, prenez ce diapason et écoutez-le afin de mettre tout votre être en consonance avec la vie illimitée, la vie cosmique.

Vous dites que vous arrivez déjà à vous harmoniser avec votre famille, vos amis, vos voisins, vos collègues de travail ?... C'est bien, mais c'est insuffisant. Vous pouvez être en accord avec votre famille, avec la société, mais être en désaccord avec la vie universelle, et alors, peu à peu cette dissonance s'infiltre en vous et ronge votre organisme psychique. Efforcez-vous dès maintenant de vous accorder avec la vie universelle ; c'est elle qui vous apportera la santé, la beauté, la lumière, la joie, et c'est elle qui, partout où vous passerez, fera de vous un facteur d'harmonie.

Un Maître reçut un jour la visite d'un jeune homme qui voulait devenir son disciple. L'enseignement commença donc, et voici quelle fut la première leçon. Le Maître dit au disciple : « Va te promener dans le cimetière et insulte les morts ; écoute bien ce qu'ils te répondront et tu reviendras ensuite me faire un rapport. » Le jeune homme, obéissant, va au cimetière et commence à marcher parmi les tombes en proférant des horreurs : jamais les morts d'un cimetière n'avaient rien entendu de pareil ! Bientôt, à court d'inspiration, il s'arrête pour écouter la réponse : rien. De retour auprès du Maître, il dut avouer que ses injures n'avaient eu aucun effet, les morts n'avaient pas réagi. « Ah, dit le Maître, peut-être qu'ils ont pensé que tes injures ne méritaient pas de réponse. Tu vas retourner au cimetière, mais cette fois, tu devras faire leur éloge. Là, certainement, ils te répondront. » Le jeune homme retourne au cimetière, change de ton et tient aux morts les discours les plus flatteurs. Mais à nouveau, rien, le silence…

Vraiment très déçu, et se sentant coupable de ne pas avoir été assez éloquent, le jeunc homme revient chez son Maître : « Là encore ils n'ont pas réagi », dit-il. Le Maître le regarda en souriant et répondit : « Eh bien, apprends que tu dois être comme eux : qu'on te blâme ou qu'on te loue, cela ne doit pas te toucher, ne réponds pas. »

Vous trouvez que la vie est difficile, et c'est vrai ; que les humains sont souvent méchants et ingrats, c'est vrai aussi. Mais est-ce une raison pour être toujours révolté, indigné, aigri ? Vous ne vous rendez pas compte que par cette attitude, c'est à vous-même en définitive que vous faites du mal ? Certains diront qu'ils ne peuvent pas se retenir d'être indignés par le spectacle du monde et que, s'ils se font du mal, on ne peut pas le leur reprocher, puisque c'est seulement à eux qu'ils font ce mal. Eh bien, ce raisonnement prouve qu'ils n'ont pas une bonne compréhension des choses.

Tous les humains sont liés les uns aux autres, et si vous êtes triste, déprimé, sombre, cela se reflète sur ceux que vous fréquentez. Vous ne souhaitez faire de mal à personne ? En apparence, c'est vrai, vous ne leur en faites pas ; mais vous leur en faites quand même, parce que vous propagez des ondes et des particules négatives. Vous vous croyez séparé des autres, mais vous vous trompez : vos pensées et vos sentiments agissent sur vos parents, vos amis, même sur les animaux, les plantes et les objets autour de vous. Celui qui se fait du mal à lui-même fait du mal au monde entier, il n'est donc pas plus innocent que les autres contre lesquels il est en train de s'indigner.

Parce qu'il sait se montrer réceptif, l'être humain peut devenir un messager de l'invisible. Mais celui qui devient trop réceptif est comme une éponge, il absorbe tout, ce qui est bon comme ce qui est mauvais. Il faut donc être vigilant.

Quand elles pensent au monde invisible, beaucoup trop de personnes ont tendance à l'imaginer uniquement peuplé d'esprits lumineux et bienfaisants. Non, de même que la terre n'est pas uniquement peuplée de gens de bien, le monde invisible est peuplé aussi d'entités malfaisantes, très souvent hostiles aux humains, et qui se plaisent à les induire en erreur ou à les persécuter. C'est pourquoi n'adoptez pas à l'égard du monde invisible une attitude de totale réceptivité ; tant que vous n'avez pas accompli le travail préalable de purification et d'élévation intérieures qui vous permettra de résister aux assauts des forces obscures, sachez vous montrer vigilant et actif.

Une mauvaise habitude est comme un cliché qui s'est imprimé sur nos corps subtils. Une fois imprimé, il se reproduit à l'infini. Même si ensuite on regrette sa faute, cela ne sert pas à grand-chose : on la répète… et puis on la regrette à nouveau ! C'est un enchaînement sans fin de fautes et de remords. Car le remords a lui aussi inscrit son cliché ; c'est pourquoi il revient chaque fois après la faute, mais il n'aide pas à la corriger.

Et que faut-il faire alors ? Remplacer le cliché, c'est-à-dire remplacer les mauvaises habitudes en s'appliquant, peu à peu et consciemment, à avoir d'autres pensées, d'autres sentiments, et surtout à faire d'autres gestes. Ce sont là autant de nouveaux enregistrements, de nouveaux clichés qui arriveront à neutraliser les précédents. Ils ne les effaceront pas, car dans la nature rien ne s'efface, mais ils se superposeront à eux et c'est eux qui agiront.

Il est arrivé que, dans des moments de découragement, des artistes (peintres, compositeurs, poètes, romanciers, dramaturges) détruisent certains de leurs chefs-d'œuvre. Et c'est dommage, car ils se sont fait du mal à eux-mêmes et ils ont aussi privé l'humanité de quelque chose de grand, de beau. La raison de leur acte, c'est qu'ils étaient restés trop concentrés sur eux-mêmes, sur leurs difficultés, leurs angoisses, leurs tourments. Ils n'ont pas su sortir des limites de leur moi pour se mettre en contact avec tout ce qu'il y a de bon et de beau chez les humains et dans la nature. Seule cette attitude aurait pu les protéger en les empêchant de tourner leur insatisfaction contre leur œuvre.

Comme l'artiste, un spiritualiste peut passer par des périodes de découragement, car il marche sur un chemin difficile, et il doit savoir se protéger. Comment ? En s'émerveillant des œuvres de Dieu, des serviteurs de Dieu. Grâce à cette sensation exaltante, il remédie à l'accablement, au désespoir même que peuvent lui inspirer ses propres imperfections.

Celui qui ne sait pas maîtriser sa colère ignore que c'est là une force qui vient de beaucoup plus loin et qui veut s'introduire en lui. Il croit même, au moins pour un moment, que ce courant puissant lui communique quelque chose de sa puissance. Mais c'est une illusion, car ce qui est puissant, c'est le courant, et non celui qu'il traverse. Aussi, après son passage, le pauvre malheureux se retrouve tellement faible que tout tremble en lui : les mâchoires, les jambes, les mains.

Le disciple d'une École initiatique a compris qu'en maîtrisant la colère qu'il sent monter en lui, et en cherchant à la transformer, il acquiert la véritable puissance. Et il en est de même avec l'énergie sexuelle : on se renforce considérablement en la dominant. Voilà pourquoi les Initiés, qui ont appris à maîtriser l'instinct d'agressivité ainsi que l'instinct sexuel, possèdent tellement d'énergies pour penser, pour parler, afin d'éclairer les êtres.

À peine vous manque-t-il quelque chose que vous êtes prêt à vous plaindre. Pourquoi la constatation de ce manque doit-elle soudain obscurcir votre regard ? Le soleil se lève chaque jour, vous avez la lumière, l'air, l'eau, la nourriture… Vous pouvez voir, entendre, goûter, comprendre… Et vous avez aussi la faculté d'entrer en relation avec le Créateur, avec toutes les entités célestes et avec les humains.

À quoi pensez-vous devant votre glace le matin ?… Et au moment où vous faites couler l'eau du lavabo ou de la douche ?… Et quand vous voyez votre femme, vos enfants, à quoi pensez-vous ? Vous direz peut-être que vous n'en avez pas. Admettons, mais en sortant de chez vous, vous rencontrez bien quelqu'un. À quoi pensez-vous en le voyant ? Tous les êtres qui vivent près de vous, comme ceux que vous rencontrez, sont là pour vous faire réfléchir, pour affiner votre sensibilité. Au lieu de vous arrêter sur ce qui vous manque, apprenez à vous réjouir pour toutes les inépuisables richesses de la vie, et vous deviendrez vous-même plus vivant.

Savoir souffrir est un des plus grands savoirs qui existent. Savoir souffrir est une des plus hautes manifestations de l'amour. Dans cette souffrance l'âme prépare un parfum si délicieux que le Seigneur et ses anges viennent se délecter auprès d'elle. Des souffrances des martyrs et des saints condamnés, persécutés pour la gloire de Dieu, émanait réellement un parfum. Et celui qui souffre parce qu'il se dévoue pour les autres, parce qu'il se sacrifie pour les éclairer et les préserver du mal, comme l'a fait Jésus, cette souffrance acceptée par amour exhale le parfum le plus subtil.

Acceptez cette vérité, mettez-la en pratique et vous posséderez une résistance sans pareille. Commencez par ne pas pousser des cris à la moindre déception, à la moindre épreuve. Acceptez-les consciemment, en gardant le silence, car c'est de cette souffrance que vous ferez sortir la joie.

L'intellect n'est pas l'intelligence et il faut apprendre à faire la différence entre les deux. L'intellect est un instrument donné à l'homme pour se tirer d'affaire dans le plan matériel, pour résoudre les problèmes de la vie courante, pour étudier la nature et tirer quelques conclusions de cette étude. Tandis que l'intelligence, au sens initiatique du terme, est une faculté bien supérieure : située au-dessus des plans astral et mental,* elle a la capacité de maîtriser les sentiments, les pensées et toutes les manifestations de la vie psychique.

C'est cette intelligence-là que les Initiés considèrent comme la véritable intelligence ; elle est liée au monde de la superconscience qui est le monde divin. Tous les êtres qui ont appris à travailler en maîtrisant leurs pensées et leurs sentiments, en se liant aux régions supérieures pour faire des échanges avec elles, ont été capables de réalisations sublimes. C'est eux qui ont permis à l'humanité de véritablement progresser.

* Voir note et schéma, p. 372 et 373.

Sous une forme ou sous une autre, vous subissez tous une occupation : des intrus se sont installés chez vous. Oui, toutes ces habitudes préjudiciables à votre santé physique et psychique, voilà les intrus.

Innombrables sont donc les occupants auxquels l'homme doit faire face, toutes les impulsions instinctives par lesquelles il est assailli : la jalousie, la colère, la rancune, la cupidité, la gourmandise, la sensualité, l'orgueil, la vanité, etc. Mais parmi tous les occupants possibles, le plus dangereux est certainement la paresse. Pourquoi ? Parce qu'elle s'agrippe à la volonté. On comprend ce qu'il faut faire, on sent qu'il faudrait le faire, mais la volonté n'est pas là ; et comme la volonté est le point de départ de toute décision, ce sont les forces vives qui sont atteintes. Mais le jour où l'intellect a vraiment compris ce qui est beau et bon, et où le cœur le souhaite, à la fin la volonté est obligée de suivre. Alors, voilà la libération !

Vous êtes occupé à une chose ou une autre, et tout à coup vous éprouvez une sensation d'obscurité, de vide, de solitude qui vous remplit d'angoisse… Sachez qu'il y a là un intrus qui essaie de se faufiler en vous ; ou bien c'est votre conscience qui, en voyageant, s'est égarée dans une région hostile, car cela aussi peut arriver, et à n'importe qui.

Lorsque vous éprouvez une telle sensation, ne restez pas là sans rien faire, réagissez, parce que cette sensation est comme la porte ouverte à des événements beaucoup plus graves qui s'ensuivront automatiquement. Jetez tout de suite un regard en vous-même pour comprendre ce qui vous a amené là. Puis, par la prière, la méditation, cherchez à retrouver le chemin qui vous conduira au milieu des esprits de la lumière et de la paix, et dites-leur que c'est à eux seulement que vous voulez ouvrir votre demeure.

Ce qui caractérise la vie, c'est qu'elle n'est jamais la même : elle coule, circule et se transforme, déplaçant les êtres et les choses. Aujourd'hui vous aviez un problème à résoudre et vous avez réussi en employant une certaine méthode. Mais voilà que le lendemain un autre événement se présente et vous ne pouvez pas l'affronter en utilisant les mêmes méthodes, en ayant la même attitude que la veille : vous êtes obligé de vous adapter à cette situation nouvelle.

C'est ainsi que la vie vous présentera toujours des problèmes différents à résoudre, et chacun demande une solution particulière. Hier, par exemple, la solution était un geste de bonté, de générosité. Mais aujourd'hui vous avez une autre affaire à régler, et là c'est le raisonnement, ou la fermeté et même l'obstination qui vous y aideront. Une autre fois ce sera l'indifférence, ou l'oubli… Cherchez donc chaque jour comment vous adapter.

Même si vous avez l'air d'exagérer un peu quand vous parlez des bonnes qualités de quelqu'un, non, vous n'exagérez pas, car en mentionnant ces qualités, vous faites allusion à son vrai moi, son Moi supérieur. Combien de fois les gens font des commentaires sur les autres ! Mais ce n'est pas réellement d'eux qu'ils parlent : leur apparence physique, leur comportement, certains traits de leur caractère, tout cela, ce n'est pas eux. Alors, que sont-ils vraiment ? Des divinités.

Il est dit dans les *Psaumes : « Vous êtes des dieux »,* et ces paroles ont été reprises par Jésus dans l'*Évangile de saint Jean*. Ces dieux, bien sûr, pour le moment on ne les voit pas tellement se manifester : ils sont enterrés quelque part, enfouis sous des couches opaques, attendant d'être découverts ! Mais il ne suffit pas d'attendre, il faut travailler.

Avoir une famille, des amis, un métier, des loisirs, cela ne suffit pas pour être heureux. La preuve, combien de gens que l'on peut même considérer comme privilégiés ne sont pas heureux ! Pourquoi ? Parce qu'ils ne savent pas répondre aux besoins de leur âme. L'âme a besoin de vivre dans l'immensité, l'espace infini, l'illimité. Or, constamment, l'homme comprime son âme, il l'entrave, il l'étouffe ; il veut qu'elle se contente de bricoles : quelques succès matériels, quelques plaisirs, quelques bavardages… Alors, l'âme souffre et se plaint à l'homme : « Je veux être libre, et toi, par tes occupations et tes soucis ordinaires, mesquins, tu me tiens ligotée. Je suis fille de Dieu, l'espace est mon élément, j'ai besoin de me dilater dans l'étendue céleste. »

Faites donc l'expérience, pour au moins quelques minutes, de laisser votre âme prendre son essor et se dilater dans l'espace… Laissez-la s'évader jusqu'à ce qu'elle se fusionne avec l'univers entier… Et alors là vous saurez ce qu'est le bonheur.

Le disciple qui souhaite posséder les mêmes qualités que son Maître s'efforce de s'identifier à lui. Il établit ainsi entre son Maître et lui un véritable lien magique et, grâce à ce lien, il commence peu à peu à lui ressembler. Peut-être pas physiquement – bien que ce soit possible, avec beaucoup de volonté, de foi et de temps, c'est possible – mais, intérieurement, il reçoit la sagesse et la lumière de son Maître. Donc, la vraie magie pour le disciple, c'est de chercher à s'identifier à son Maître pour atteindre les trésors contenus dans l'âme, le cœur, l'intelligence, la volonté de son Maître, et que tous ces trésors se déversent en lui. Et le Maître accepte, car il n'a pas d'autre désir que de partager ce qu'il possède.

Et s'il voit qu'un de ses disciples peut aller plus loin que lui, un Maître se réjouit. Il dit : « C'est mon enfant. Il est meilleur que moi ? Tant mieux, car c'est moi qui suis son père. » Et la vue de cet enfant le remplit de fierté.

À l'instant où vous agissez, vous déclenchez inévitablement certaines forces qui produiront inévitablement aussi certains résultats. C'est cette idée de rapport de cause à conséquences qui est d'abord contenue dans le mot « karma ». C'est ensuite que ce mot a pris le sens de paiement pour une transgression commise. On peut donc dire que le « karma » (dans le second sens du terme) se manifeste toutes les fois qu'un acte n'est pas absolument inspiré par la sagesse et l'amour divins – ce qui est le cas la plupart du temps. Mais l'être humain fait des essais et il faut qu'il s'exerce. Ces essais sont maladroits, imparfaits, mais ce n'est pas grave, il doit se corriger, réparer ses erreurs, et bien sûr pour cela il peine, il souffre.

Vous direz : « Mais alors, puisqu'en agissant on commet obligatoirement des erreurs et qu'on devra souffrir pour les réparer, il vaut mieux ne rien faire ? » Non, il faut agir. Évidemment, vous souffrirez, mais vous apprendrez, vous évoluerez… et un jour vous ne souffrirez plus. Quand vous aurez appris à agir correctement, quand tous vos actes, toutes vos paroles seront inspirés par la bonté, la pureté, le désintéressement, ils n'entraîneront pas de « karma », mais ils attireront des conséquences bénéfiques. C'est ce que l'on appelle le « dharma ».

Dans notre corps physique la tête est le siège du savoir, et le pouvoir se trouve dans les bras et les jambes : on agit et on se déplace… Entre la tête et les membres, il y a le cœur. En l'absence du cœur, la tête et les membres ne seraient pas en état de fonctionner. C'est le cœur qui les maintient en activité : sans arrêt il se contracte et il se dilate pour que le sang, la vie continue à circuler. Si le cœur s'arrête, tout le reste s'arrête aussi.

Mais les humains ont abandonné le cœur, symboliquement parlant, ils cherchent le pouvoir. Et comme l'argent donne beaucoup de pouvoir, ils font tout pour en gagner le plus possible, sans considération de ce qu'ils font subir aux autres, et leur cœur s'endurcit. Ils cherchent aussi le savoir, mais comme leur but n'est pas désintéressé, ce savoir ne sert qu'à les égarer. C'est pourquoi ils ne sont pas heureux. Ils sont certainement plus puissants et plus instruits, mais ils ne sont pas heureux. Pour être heureux, ils doivent revenir vers les qualités du cœur : la bonté, la douceur, la générosité, le pardon…

Il ne faut pas aimer et chercher Dieu pour soi, mais pour Lui, comme un fils ou une fille qui trouve toute sa joie à s'associer aux activités de son père et de sa mère.

Quand Jésus nous a appris à prier : *« Notre Père qui es aux cieux, que ton nom soit sanctifié, que ton règne vienne, que ta volonté soit faite sur la terre comme au ciel »,* il nous a donné justement le programme à réaliser. C'est nous qui devons sanctifier le nom de Dieu en nous-mêmes, c'est nous qui devons faire descendre son royaume en nous, c'est nous qui devons accomplir sa volonté, comme les anges l'accomplissent dans le Ciel. Ce que nous faisons pour Dieu, c'est aussi pour nous que nous le faisons, puisque nous sommes en Lui et qu'Il est en nous.

Tant qu'ils sont jeunes et bien portants, les humains ne pensent jamais à ce principe de désagrégation qui travaille en eux et finira par triompher un jour. Ils ont tendance à croire que le monde leur appartient et que l'avenir ne cessera jamais de leur sourire. Quelle déception quand ils sentent que, dans le plan physique, tout commence à leur échapper ! Dans cette lutte sans merci qui s'est engagée entre le principe de vie et le principe de mort, certains veulent retenir la vie par tous les moyens, et cela peut les conduire à commettre les actes les plus insensés : ils jettent dans la bataille toutes les ressources qu'ils devraient utiliser pour leur travail spirituel, et ils perdent tout.

Nous ne sommes pas venus sur la terre pour y rester éternellement jeunes et en bonne santé, mais pour y faire un stage, un apprentissage. Le sage est celui qui connaît la courbe du chemin et s'efforce de tout utiliser. Dans le monde spirituel, l'ascension est ininterrompue. Ici-bas, quoi qu'on fasse, on verra peu à peu son front et ses joues se rider, ses cheveux blanchir, ses dents tomber, etc. Mais il faut comprendre que l'aspect extérieur n'a aucune importance si derrière les cheveux blancs et les rides se manifeste le rayonnement de la vie spirituelle.

Toutes les fois que nous remportons la victoire sur les tentations auxquelles nous expose notre nature inférieure, nous disposons d'une force nouvelle. Ce qui est difficile, bien sûr, c'est de conserver cet état de grâce. Tant que nous sommes sur la terre, nous ne pouvons pas nous maintenir très longtemps sur les sommets où nous sommes parvenus à nous hisser. Nous devons lutter chaque fois pour les reconquérir. Lorsque nous quitterons la terre pour le monde de l'au-delà, nous n'aurons plus besoin de lutter, car nous ne serons plus soumis aux tentations. Mais tant que nous sommes ici, jusqu'à la dernière minute nous devons faire des efforts.

Pour mieux comprendre cette idée, on peut faire une comparaison avec la nutrition et la respiration : nous avons mangé hier, nous devons aussi manger aujourd'hui et nous devrons encore manger demain. Nous venons de respirer, et il faut tout de suite recommencer. Une expérience nous a fait comprendre le sens de la vie, mais pour ne pas perdre ce sens, nous devons faire une autre expérience, et puis encore une autre. Nous avons vaincu une tentation ? Nous serons de nouveau tentés, et de nouveau nous devrons essayer de remporter la victoire.

Si vous placez un seau quelque part sous une gouttière, vous pouvez compter qu'au moment où il pleuvra, il se remplira d'eau ; mais si vous ne mettez pas de seau, n'attendez pas qu'il soit rempli ! Si vous déposez une graine dans le sol, il y a espoir de voir pousser une plante, mais si vous ne semez rien, n'attendez rien.

Vous direz : « Mais c'est enfantin, nous savons cela. » En êtes-vous si sûr ? Vous n'ouvrez pas votre cœur à l'eau qui descend de la Source divine, et vous attendez pourtant qu'il soit rempli. Vous ne semez pas des pensées et des sentiments d'amour, de générosité, et vous attendez de vivre dans la paix et la joie. Vous demandez : « Mais comment semer des pensées et des sentiments ? » Un exemple : lorsque vous devez prendre un objet pour le donner à quelqu'un, est-ce que vous mettez votre attention, votre conscience dans ce geste ?... Non, vous le faites machinalement. Eh bien, désormais, soyez attentif à donner autre chose que ce seul objet : ajoutez-y une bonne pensée, un bon sentiment, un bon souhait pour cette personne.

Quand les humains comprendront-ils qu'ils ne sont pas des individus séparés, mais qu'ils font partie du grand corps de Dieu dont ils représentent chacun une cellule ? Donc, lorsqu'ils se conduisent mal avec leur prochain en pensant qu'il leur est étranger, extérieur, et qu'ils peuvent le malmener impunément, ils se trompent. La vérité, c'est qu'il existe un lien entre toutes les créatures vivantes, comme il existe un lien entre toutes les cellules du corps physique. Lorsque nous faisons du mal aux autres, même si pour le moment nous ne le sentons pas, c'est à nous aussi que nous faisons du mal. De même, lorsque nous leur faisons du bien, c'est à nous aussi que nous faisons ce bien.

Vous en avez sans doute fait l'expérience : si un être que vous aimez souffre ou reçoit des coups, c'est comme si vous-même receviez ces coups ; et s'il lui arrive un bonheur, vous vous réjouissez comme si c'était à vous que ce bonheur était arrivé. Pourquoi ? Parce qu'instinctivement, intuitivement, vous êtes entré dans la conscience de l'unité. Et c'est cette conscience de l'unité qui est le fondement de la vraie morale.

Vous allumez une bougie… Sa flamme vous éclairera aussi longtemps qu'elle sera alimentée par la cire qui brûle. Cette combustion est en quelque sorte un sacrifice. Sans sacrifice il n'y a pas de lumière. Le feu a besoin de nourriture, et la cire de la bougie est justement cette nourriture. Ça, vous le savez. Mais ce que vous ne savez pas, c'est que l'être humain peut être comparé à une bougie, car il possède tous les matériaux nécessaires pour alimenter la flamme en lui. Ces matériaux sont ceux de sa nature inférieure : l'égoïsme, l'agressivité, la sensualité, etc. Il doit les sacrifier pour entretenir sa flamme.

Ce qui empêche les humains de faire ce sacrifice, c'est la crainte de disparaître. Il y aura, bien sûr, quelque chose de nous qui disparaîtra, mais ce quelque chose doit justement disparaître pour qu'autre chose, plus pur, plus lumineux apparaisse. Exactement comme la matière de la bougie disparaît pour que la lumière continue à briller. Vous direz qu'au bout d'un certain temps il ne reste plus rien de la bougie. Oui, mais l'homme, lui, peut brûler indéfiniment. Une fois allumé, il peut ne plus s'éteindre, car sa matière combustible est inépuisable.

Combien de croyants abandonnent la religion parce que, d'après eux, les découvertes de la science effacent ou contredisent les vérités de la foi ! Eh bien, cela prouve seulement qu'ils n'ont pas compris grand-chose à la religion ni à la science. Car, au contraire, les découvertes de la science ne font que souligner les vérités de la foi qui sont les vérités que nous enseigne la Science initiatique.

Il n'existe en réalité aucune opposition entre la science et la religion : elles marchent ensemble, et l'art marche aussi avec elles. Les trois sont liés parce qu'ils sont déjà liés en l'homme : la science nourrit son intellect, la religion nourrit son cœur, et dans l'art il exerce sa volonté créatrice. Puisque l'intellect, le cœur et la volonté coexistent dans l'être humain, on ne doit ni les séparer ni privilégier l'un au détriment des autres. Dieu les a donnés à l'homme pour qu'ils travaillent ensemble.

Quand Jésus fut amené devant Pilate pour être jugé, celui-ci lui demanda : *« Es-tu le roi des Juifs ? »* et Jésus répondit simplement : *« Tu le dis ».* Mais il ajouta : *« Mon royaume n'est pas de ce monde. »* Car Jésus n'avait aucune ambition terrestre. Pour lui la véritable royauté était la royauté céleste ; il ne confondait pas la gloire humaine et la gloire divine, et il ne confondait pas non plus les biens temporels et les biens spirituels. C'est ce qui apparaît encore dans l'épisode où les pharisiens l'interrogent sur l'impôt dû à César ; il se contente de leur répondre : *« Rendez à César ce qui est à César et à Dieu ce qui est à Dieu. »*

Quant à vous, si vous voulez devenir un véritable disciple de Jésus, tâchez aussi de ne pas confondre la terre et le Ciel. Et, surtout, gardez-vous de penser qu'un engagement spirituel doit vous apporter des avantages matériels.

L'amour est cette capacité d'arracher de nous-même ce qui nous est le plus cher afin de le donner. Mais cette qualité se manifeste rarement. On voit plutôt des êtres occupés à se battre non seulement pour conserver ce qu'ils possèdent mais aussi pour s'emparer, s'ils le peuvent, de ce qui appartient à d'autres.

Est-ce bien raisonnable de perdre là tellement de temps et d'énergie alors que, bientôt, on sera obligé de tout laisser ? Eh oui, un jour la mort arrive et, que l'homme le veuille ou non, d'un seul coup elle le dépouille de tout. Pourquoi n'a-t-il pas appris à donner avant l'heure de la mort ? À cet instant-là, bon gré mal gré il doit tout abandonner. Seules lui restent la lumière et la joie qu'il a acquises en sachant donner.

Vous savez ce qu'est une radiation, une émanation, une vibration. Mais ce que vous ne savez pas, c'est que ces phénomènes ont un lien avec l'intellect, le cœur et la volonté. À l'intellect correspond la radiation, au cœur l'émanation, et à la volonté correspond la vibration.

L'intellect irradie : son mouvement est la ligne droite. Les émanations du cœur sont des ondes circulaires. Et la volonté vibre (à gauche – à droite, en haut – en bas, en avant – en arrière).

La radiation, c'est la lumière projetée pour mieux avancer et faire des découvertes. L'émanation représente la dilatation, le don : les particules qui vont entourer de leur chaleur les êtres et les choses. Et la vibration marque le commencement de l'action.

Dans la radiation il y a la sagesse, dans l'émanation il y a l'amour, dans la vibration il y a la force. C'est pourquoi d'après l'intensité de ses radiations on voit quelle est la sagesse d'un être. D'après la nature de ses émanations on peut sentir quel est son amour. D'après la puissance de ses vibrations on découvre quelle est sa force.

Il peut arriver que nous nous sentions projetés dans le Ciel au moment où nous nous y attendons le moins. Évidemment, nous souhaiterions rester là-haut pour toujours, mais ce n'est pas possible, tant de choses nous retiennent encore attachés au monde d'en bas ! Si le Ciel nous accorde cette grâce, c'est pour que nous ayons le pressentiment, l'intuition de cet espace de lumière où nous sommes destinés à aller vivre un jour. Ces joies soudaines que nous ressentons parfois sont l'annonce d'une libération à venir.

Quand les arbres commencent à perdre leurs feuilles à l'automne, vous savez que l'hiver approche ; et en hiver, quand les perce-neige commencent à éclore, vous savez qu'ils annoncent l'arrivée du printemps. Dans votre âme aussi, comme dans la nature, apparaissent des signes avant-coureurs, et vous devez apprendre à les reconnaître et à les déchiffrer.

La véritable poésie est l'expression du verbe divin qui est à la fois musiques, couleurs, formes, parfums. C'est pourquoi ses pouvoirs sont immenses. Certains diront que la musique est plus puissante que la poésie, car elle touche directement la sensibilité des auditeurs. Oui, mais son langage n'est pas aussi clair, donc pas aussi éducatif que celui de la poésie, car il n'est fait que de sons, alors qu'un poème est composé de mots à travers lesquels on perçoit non seulement une mélodie, un rythme, une intonation, mais aussi des couleurs, des formes, une architecture. Et surtout on découvre un sens.

La musique éveille le sentiment, stimule la volonté, mais elle ne donne pas d'orientation claire. On peut écouter de la musique toute sa vie et rester aussi incertain et ignorant qu'avant. Tandis qu'en lisant ou en écoutant l'œuvre d'un poète véritablement inspiré, grâce aux paroles on découvre un sens, et on avance alors dans la clarté.

Les humains portent rarement sur eux-mêmes un jugement objectif, et c'est aussi vrai pour les spiritualistes. Certains, pourtant très évolués, sont effrayés par l'immensité de la Science initiatique, par la distance qui les sépare du but à atteindre, ils se sentent misérables, et cette mauvaise opinion d'eux-mêmes les paralyse.

D'autres, au contraire, tout à fait limités, bornés, se prennent pour de grands Initiés, des génies, des divinités. Comme rien dans leur vie ne justifie la bonne opinion qu'ils ont d'eux-mêmes, ils vont consulter de soi-disant médiums ou clairvoyants qui, ayant intérêt à tromper les gens pour attirer des clients, leur racontent des histoires fantastiques sur leurs incarnations : ils ont été des saints, des prophètes, des génies, toutes les célébrités et les gloires de l'histoire y passent. Mais à quoi cela peut-il leur servir, puisqu'actuellement la réalité leur montre chaque jour combien ils sont pauvres et ordinaires ? Une des plus grandes entraves pour le progrès spirituel, c'est de se faire des illusions sur ses incarnations passées. Celui qui veut vraiment avancer, évoluer, ne doit pas perdre son temps chez les clairvoyants, mais étudier, travailler pour apprendre à se connaître. C'est en ayant une juste appréciation d'eux-mêmes qu'ils avanceront.

Efforcez-vous de bien vivre aujourd'hui, car demain n'existe pas encore, et en vous inquiétant de lui, c'est comme si vous vous jetiez dans un vide où vous risquez de vous perdre. C'est sur aujourd'hui que vous devez travailler, car aujourd'hui ne meurt pas, il ne fait que se prolonger, et en se prolongeant il va devenir demain.

Jésus disait : *« Ne vous inquiétez pas du lendemain, car le lendemain aura soin de lui-même. »* Cette parole nous oblige à méditer sur l'idée de durée, de continuité. Celui qui fabrique une chaîne doit veiller à la solidité de chaque maillon, car si un seul maillon est fragile et casse, il ne sert à rien que tous les autres tiennent bon : l'ensemble est rompu. Nous devons donc vivre chaque jour selon les lois divines, afin de faire de ce jour un maillon solide et que la chaîne ne se rompe pas. Aujourd'hui est un nouveau maillon qui doit s'ajouter aux autres, et c'est sur ce maillon que nous devons nous concentrer.

Qui peut nier que l'argent soit une des principales préoccupations des humains ? D'un côté, c'est naturel, car il leur procure leurs moyens de subsistance, mais le danger, c'est que cette pensée de l'argent finisse par les obnubiler : ils ne voient plus les bonnes qualités des autres, ils deviennent exigeants, durs, cruels. Faire des profits, voilà uniquement ce qui compte.

Mais être absolument indifférent à l'argent n'est pas bon non plus. Tous ceux qui croient que pour être des spiritualistes il faut vivre sans aucune préoccupation matérielle, deviennent en réalité des fardeaux pour la société, des parasites. Tant que nous sommes sur la terre et que les choses sont organisées comme elles le sont, on a besoin d'argent. Peut-être que dans l'avenir on pourra le supprimer et le remplacer par l'amour ; oui, car l'amour est une monnaie qui dépasse toutes les autres. Mais l'humanité n'est pas encore arrivée à accepter cette monnaie, et puisque l'argent aura encore cours un certain temps, il faut apprendre à penser correctement à son sujet afin de ne jamais tomber dans ses pièges.

Pourquoi cette tendance générale à souligner les fautes des autres? Pourquoi s'acharner sur des hommes et des femmes qui se débattent au milieu de tant de difficultés? Le plus extraordinaire, c'est qu'en les critiquant on croit faire preuve de lucidité, de sagesse, mais aussi d'amour. Vous objecterez que celui qui aime bien châtie bien, comme on dit, et que le châtiment commence par des critiques. Non, dans de nombreux cas, l'amour ne consiste pas à critiquer, et la sagesse non plus. Aimer les êtres, c'est comprendre leurs difficultés et agir avec délicatesse afin d'alléger leurs souffrances. Or, la critique a plutôt tendance à égratigner, griffer, blesser. Ce n'est plus de l'amour, mais du carnage. Le véritable amour ne se tache pas de sang, il est grand et lumineux. Par lui, vous vous liez à Dieu, et Dieu vous conseille les meilleures méthodes pour agir avec les êtres.

Qu'est-ce qu'un bon critique? Un bon jardinier qui sait tailler les arbres, les élaguer, les redresser et les débarrasser des chenilles et des insectes nuisibles. Il préserve ce qui est bon, et voilà bientôt des fleurs et des fruits magnifiques.

Une expérience vécue est toujours plus convaincante que toutes les explications.

Imaginez que c'est l'hiver : j'entre dans une maison où je suis invité. Tout est fermé, et pour faire des économies de chauffage, on n'aère jamais. Alors en restant dans cette atmosphère, les occupants de cette maison se sont chloroformés, abrutis, ils ne peuvent plus ni penser ni sentir correctement. Si je dois maintenant leur expliquer que la façon dont ils vivent est malsaine, ils ne comprendront pas et il s'ensuivra des discussions interminables où je perdrai mon temps. Je les invite alors à faire avec moi une petite promenade à l'air pur… Puis nous rentrons. Dès qu'ils ouvrent la porte, c'est eux qui poussent des cris ; ils se demandent comment ils ont pu vivre dans une atmosphère pareille, c'est-à-dire – parce que cette anecdote est symbolique – avec des conceptions pareilles, une philosophie pareille. Sans que je dise rien, c'est eux-mêmes qui ont compris, car ils ont senti la différence. Peut-être qu'au moment où ils sont sortis, ils ne se sont pas tellement rendu compte combien il est merveilleux de respirer l'air pur, mais au retour, quand ils suffoquent, ils comprennent.

L'obscurité peut être une cause de peur irrationnelle : un loup, un voleur, un assassin pourrait surgir ! Mais elle peut être aussi la cause d'une crainte rationnelle : quand on n'y voit rien, on court toujours le danger de se heurter à quelque chose, de tomber, de se blesser.

Plus l'intelligence et la sagesse augmentent en lui, plus l'homme devient non pas exactement craintif, au sens où on entend généralement ce mot, mais attentif. Et en même temps son audace augmente aussi, l'audace intellectuelle, mentale. Il se méfie de ce qui vient de l'instinct et du sentiment, car ils peuvent brouiller sa vue ; mais pour ce qui est clair, limpide, il devient audacieux. C'est pourquoi les êtres vraiment intelligents et instruits sont plus audacieux que les autres. Ils s'aventurent dans des régions que la plupart n'osent jamais aborder, et c'est la lumière qui leur donne cette audace.

Pédagogue… Voilà le meilleur métier. Évidemment, ce n'est pas l'avis de tout le monde : être avocat, ingénieur, médecin, banquier, ça oui, ça vaut la peine. Tandis que s'occuper d'enfants, cela n'a vraiment rien de prestigieux. Et voilà que c'est justement le métier le plus important, celui qui est le plus lourd de conséquences pour l'avenir d'un pays. Éduquer les enfants, que l'on soit instituteur, professeur, parent, quelle responsabilité ! C'est un travail divin. C'est pourquoi le jour viendra où on sera obligé de donner à la psychologie et la pédagogie, qui sont encore sous-estimées, la plus grande importance. Et ce jour approche. De plus en plus, on commence à tourner autour de ces sujets : l'être humain, sa vie psychique, son éducation.

Étudiez bien l'histoire de l'humanité et vous comprendrez que dans la société, dans la vie nationale et internationale, les problèmes ne trouveront pas de solutions tant que l'on n'aura pas mis la psychologie et la pédagogie à la première place.

Un certain nombre de problèmes ne peuvent être vraiment résolus qu'à l'échelle mondiale. Prenons la philosophie de Gandhi, par exemple, la non-violence : elle a porté ses fruits dans certaines conditions historiques, mais d'une façon générale la non-violence est dangereuse pour un pays. S'il est le seul à la pratiquer, il risque d'être anéanti, car les voisins, cupides, violents, cruels, n'auront aucun scrupule à massacrer ces pauvres malheureux qui refusent de se défendre. La non-violence est une philosophie qui est bonne individuellement, c'est-à-dire pour quelqu'un qui veut dompter sa personnalité et évoluer plus rapidement en renonçant à tous ses intérêts matériels, mais elle ne résout pas le problème de la guerre dans le monde. Si toutes les tentatives diplomatiques pour éviter un conflit ont échoué, un peuple qui décide de ne pas se défendre sera rapidement anéanti, politiquement, économiquement et physiquement.

Pour qu'elle devienne réellement efficace, il faut que la philosophie de la non-violence devienne collective, mondiale, qu'elle ne reste pas seulement dans la tête de quelques idéalistes, sinon rien ne changera vraiment.

Vous assistez à une conférence donnée par un grand scientifique : il se sert de schémas, de graphiques, de formules mathématiques qui vous permettent de le suivre pas à pas dans son raisonnement. Malheureusement, ce ne sont pas des schémas, des graphiques et des formules mathématiques qui empêcheront cet érudit aux arguments si ordonnés, si clairs, de perdre la tête dans d'autres circonstances. Car si les intellectuels font preuve de tellement de méthode, de discipline, d'objectivité quand il s'agit de leurs travaux, une fois sortis de ces travaux ils ne trouvent pas anormal de vivre dans la subjectivité, le désordre et le trouble des passions. Si on étudie les statistiques, on verra que c'est même dans les milieux intellectuels qu'on trouve le plus de déséquilibrés et de malades mentaux. Car l'intellect ne protège pas du déséquilibre, au contraire même, il se livre souvent à toutes sortes d'acrobaties dangereuses pour la raison.

La vie ne consiste pas exclusivement à faire des observations, des mesures et des calculs. Les humains ne sont pas des machines. Pour affronter les difficultés et les chocs imprévisibles de l'existence, pour ne pas se laisser emporter et détruire par les passions, pour découvrir la véritable réalité des choses, il n'y a qu'une méthode : développer les facultés spirituelles.

Pendant des siècles, des millénaires, l'homme a usé de son autorité sur la femme, il l'a contrainte, dominée… Mais maintenant on voit la situation en train de s'inverser; la femme se redresse, elle n'accepte plus d'être soumise à l'homme, elle veut avoir les mêmes droits que lui, et dans certains cas elle est même prête à prendre sa place. C'est normal, c'est la loi de compensation.

L'homme est allé trop loin, et au lieu d'être un modèle d'honnêteté, de bonté, de justice pour mériter l'estime et l'admiration de la femme, il a abusé de son pouvoir, de sa supériorité physique sur elle, il s'est accordé tous les droits et à la femme il n'a imposé que des devoirs. Comment pouvait-il espérer que cette situation durerait éternellement? Et pourtant, la vérité, c'est que la femme a naturellement besoin d'admirer l'homme, de reconnaître son autorité, sa force. Mais s'il ne fait rien pour les mériter, comment peut-elle conserver cette estime et cette admiration?

Rien ne peut évoluer qui n'ait d'abord involué. C'est pourquoi, ce que la science appelle « l'évolution des espèces » a été nécessairement précédée par un mouvement d'involution. C'est vrai pour les créatures et c'est vrai pour la matière. Avant l'évolution de la matière, il y a eu involution de l'esprit. Les partisans de l'évolution n'ont observé les choses que de l'extérieur, du point de vue de l'organisation de la matière, sans tenir compte des forces invisibles qui avaient auparavant travaillé sur elle.

L'évolution n'est que la moitié d'un processus de manifestation. En l'observant isolément, on la coupe de la vérité de la vie. Pris isolément, ce processus n'a pas sa place dans la nature. On ne peut pas prouver que l'évolution soit possible sans qu'une impulsion ne l'ait préalablement déclenchée et ne continue à l'entretenir. Et cette impulsion vient d'en haut. C'est tout d'abord l'esprit qui est descendu, et si on voit la matière évoluer, c'est qu'elle est entraînée par le mouvement ascendant de l'esprit qui la fait remonter vers son lieu d'origine.

Que sont vos enfants ? Des rêves, des pensées, des sentiments que vous avez eus dans le passé et auxquels vous avez maintenant donné chair et os. Vous ignorez qui vous étiez dans le passé ? Eh bien, regardez vos enfants, ils vous diront : « Observez-nous, nous venons vous apprendre beaucoup de choses sur vous. » Pour connaître la vérité sur les êtres, il faut regarder leurs enfants.

Vous me direz peut-être que vous n'êtes pas marié et que vous n'avez pas d'enfants. Là encore, vous vous trompez. Vos enfants, cela peut être aussi vos actes, et c'est donc chaque jour que vous mettez des enfants au monde. Jésus a dit que l'on reconnaît un arbre à ses fruits. Si vos fruits sont âpres, amers, acides, cela prouve qu'en vous, la mère (le cœur) et le père (l'intellect) sont défectueux. L'action est un enfant qui ne peut être divin que si le père et la mère l'ont conçu divinement.

Nous ne représentons quelque chose de grand et de beau qu'à proportion de ce que nous faisons pour la collectivité, pour l'humanité entière ; c'est là que nous prenons notre vraie valeur, car nous devenons des collaborateurs de Dieu Lui-même.

Celui qui travaille pour le bien de la collectivité est un ouvrier dans le champ du Seigneur. Les esprits lumineux s'approchent de lui pour le marquer de leur sceau, ct une fois qu'il est marqué, c'est comme s'il était inscrit sur une liste ; à côté de son nom est noté ce qui lui est dû, et chaque jour il reçoit un « courrier », on peut dire aussi un « salaire ». Ce salaire prend diverses formes : force pour l'esprit, dilatation pour l'âme, lumière pour l'intellect, chaleur pour le cœur, santé pour le corps physique.

Quand la décision de suivre une certaine voie est gravée au plus profond de votre être, cela devient comme un instinct qui vous empêche de dévier et vous indique comment éviter ou surmonter les obstacles. S'il vous arrive d'oublier trop souvent les bonnes résolutions que vous avez prises, c'est parce que vous ne les avez pas encore suffisamment imprimées dans votre subconscient, jusqu'au cœur même de vos cellules.

Le rôle d'un Maître spirituel est justement de réveiller dans l'âme de ses disciples le souvenir des expériences du passé et des décisions prises. Sinon, lorsqu'ils devront à nouveau franchir les frontières de l'au-delà, ils auront une fois de plus à constater la médiocrité, l'inanité de l'existence qu'ils viennent de quitter… Et ils seront condamnés à errer dans les régions arides et obscures de l'autre monde. Jésus disait : *« Amassez-vous des trésors dans le Ciel. »* Cette recommandation est la synthèse de toute une science de la vie.

L'esprit et la matière… Voilà une question sans fin, car, sous diverses formes, l'esprit et la matière, c'est le masculin et le féminin, le positif et le négatif, l'émissif et le réceptif, le ciel et la terre. Rien n'est plus important que ces deux principes masculin et féminin. Mais il faut comprendre quels sont leur place et leur rôle respectifs pour ne pas privilégier l'un au détriment de l'autre. Les humains ont toujours tendance à aller dans les extrêmes : ou ils se concentrent seulement sur l'esprit et négligent la matière ; ou ils se concentrent sur la matière et abandonnent l'esprit. C'est ce qui se produit à l'heure actuelle où tellement de gens sont pris par la matière sans jamais chercher à y introduire l'esprit. Alors, la matière reste inerte, inanimée, et elle finit par les engloutir.

Si les hommes et les femmes peuvent être tellement vivants, expressifs, c'est à cause de l'esprit qui vit en eux et qui anime leur matière. C'est si vrai que, lorsqu'à sa mort l'esprit quitte un être humain, il ne reste plus qu'à l'enterrer. C'est toujours l'esprit qui agit à travers la matière, c'est lui qui lui donne la vie. Mais sans la matière l'esprit ne peut pas se manifester.

La méditation est un exercice de la pensée par lequel vous vous efforcez de vous élever le plus haut possible dans le monde spirituel. C'est un exercice difficile. Pour vous y aider, imaginez que vous gravissez une montagne dont vous cherchez à atteindre le sommet : cette image vous amènera vers une autre montagne au-dedans de vous. Le sommet de cette montagne, la Science initiatique l'appelle le plan causal*. En faisant des efforts pour vous élever jusque-là, non seulement vous aurez les plus grandes possibilités de réaliser vos pensées et vos désirs les meilleurs, mais intérieurement vous vous sentirez invulnérable.

Jésus disait : *« Construisez votre maison sur le roc »*. Le roc est un symbole du plan causal. Dans le plan causal vous êtes en sûreté, car vous êtes très haut, sur un sol très stable, et rien ne peut vous atteindre. Si vous construisez votre habitation dans le plan mental ou dans le plan astral, avec des pensées et des sentiments quelconques, ordinaires, vous pataugez dans les marécages et vous êtes toujours vulnérable. Vous devez vous installer sur les hauteurs du plan causal, et c'est la méditation qui vous projette jusque-là.

* Voir note et schéma, p. 372 et 373.

Pour faire le mal on sent instinctivement qu'il faut se cacher, afin de ne pas être pris et condamné. Et pour faire le bien, on s'imagine qu'on peut se montrer ! Certaines personnes même, par vanité, s'exhibent, et voilà comment elles déclenchent les oppositions, excitent la malveillance, la jalousie. Vous voulez offrir quelque chose à quelqu'un ? Là aussi, soyez prudent : peut-être vaut-il mieux qu'il n'y ait pas de témoin. Et quelquefois, il serait même préférable que celui à qui vous faites du bien ignore d'où cela lui vient, car votre geste peut provoquer en lui des réactions inattendues.

Dans toutes les relations avec les autres, tâchez de tenir compte des rapports compliqués qu'en chaque être humain la nature inférieure entretient avec la nature supérieure.

Pourquoi attendez-vous de votre Maître qu'il vous tire de toutes les difficultés ? C'est vous qui devez faire des efforts, apprendre, vous exercer, parce que ce sont ces efforts qui vous serviront pour l'éternité. Si vous attendez que quelqu'un vienne toujours à votre secours, qu'il vous délivre des souffrances, des maladies, des misères, c'est possible, il existe sur la terre des êtres qui en sont capables. Mais un sage ne fera jamais cela, parce qu'il sait qu'il ne vous aidera pas, bien au contraire.

Un Maître spirituel vous donnera tout ce dont vous avez besoin comme connaissances, comme méthodes, mais il attendra que ce soit vous qui les appliquiez, afin de grandir, de vous renforcer. Et c'est cela la véritable évolution.

Toute manifestation (événement, acte, sentiment, désir, pensée) ne peut exister isolément, sans lien avec un autre phénomène. Chaque manifestation a une cause et produit des conséquences plus ou moins importantes et plus ou moins lointaines. C'est ce que vous pouvez observer chaque jour dans votre existence quotidienne. Supposons que vous ayez passé une bonne journée. Mais voici qu'au moment où vous allez vous coucher, il se produit un incident qui vous inspire tristesse et découragement : le lendemain, au réveil, vous constatez que tout ce que vous aviez vécu de bon au cours de la journée précédente s'est effacé, pour laisser la place à ce que vous avez vécu au moment de vous endormir, et c'est cette impression pénible qui est restée.

Vous direz : « Mais comment se fait-il que ce moment désagréable ait été capable d'effacer toute une journée passée dans l'harmonie et la paix ? » Eh bien, justement, c'est que rien ne reste sans conséquence, et un malaise éprouvé en fin de journée se fera ressentir jusqu'au lendemain si vous ne faites rien pour le neutraliser. Alors, attention, surveillez bien dans quel état vous êtes au moment où vous allez vous endormir.

Combien de fois il vous arrive d'éprouver des sensations qui n'ont aucun rapport avec la réalité objective du moment ! À n'importe quelle heure de la journée, et au milieu des pires difficultés, vous pouvez vivre intérieurement l'apparition de l'aube, parce que votre conscience passe dans une région où, effectivement, le soleil est en train de se lever, et vous recevez ses rayons. Mais l'inverse se produit aussi, bien sûr.

Plus vous saurez vous observer, mieux vous comprendrez les différents phénomènes et événements de votre vie psychique qui ont leur correspondance avec ceux qui se produisent dans la nature : les aurores et les crépuscules, le ciel bleu et les orages, la chaleur et le froid, les clartés et les brouillards… Il est tellement important d'apprendre aussi cette météorologie-là ! Même si vous n'en êtes pas conscient, vous vivez intérieurement dans un monde fait de substances et de matériaux impondérables, impalpables, mais bien réels. Le jour où vous sentirez la réalité de ce monde invisible, vous vous découvrirez dans une dimension nouvelle.

Certains numéros de cirque sont très instructifs, parce qu'ils présentent des analogies avec les victoires que l'homme doit remporter dans sa vie intérieure : dompter les tigres, les lions et les panthères, faire danser les ours et les éléphants, traverser un cercle de flammes, jongler, se lancer dans le vide et se rattraper, marcher sur un fil, etc. Et justement, prenons l'exemple du funambule : pour garder l'équilibre, il avance en écartant les bras ou en se servant d'un long bâton horizontal. Continuellement, il doit rectifier la position : à droite, à gauche, un peu plus haut, un peu plus bas… Cette situation est aussi celle de l'être humain, car la vie est une corde raide et, s'il ne veut pas tomber, il doit toujours penser à ajouter un peu ici, enlever un peu là, pour se maintenir en équilibre.

Le centre de l'équilibre se trouve dans les oreilles, et symboliquement la sagesse est liée aux oreilles. Le sage est justement celui qui sait garder l'équilibre, qui sait chaque fois redresser la situation. Et vous voyez, l'expression « redresser la situation » signifie bien que dans l'existence, les choses ont toujours tendance à trop pencher dans un sens ou dans un autre et qu'il y a chaque fois un équilibre à rétablir.

La famille naturelle est une chose, et la famille spirituelle en est une autre. Vous pouvez appartenir par le sang à une famille dont les membres ne sont pas de la même famille spirituelle que vous. Malgré ces liens du sang, ils ne font pas réellement partie de votre parenté, vous n'êtes pas responsable de leurs actes et ils ne le sont pas non plus des vôtres.

Il est dit dans l'Ancien Testament que lorsqu'un homme a péché, non seulement il est puni, mais aussi ses enfants et ses petits-enfants jusqu'à la quatrième génération. Mais qu'ont fait ces enfants pour souffrir ainsi ? C'est leur père ou leur arrière-grand-père qui a péché, et non eux. Cette punition n'est-elle pas injuste ?… Non, car ceux qui paient pour les fautes de leurs parents en héritant des mêmes vices, des mêmes maladies sont véritablement de la même famille qu'eux. S'ils appartenaient à une autre famille spirituelle, ils ne souffriraient pas. On a vu des criminels donner naissance à des saints, c'est donc que les enfants ne sont pas toujours touchés par les crimes de leurs parents ; lorsqu'ils le sont, c'est qu'ils ont suivi dans le passé les mêmes voies et ont été ainsi attirés pour se réincarner parmi ceux qui leur ressemblent et souffrir des mêmes maux.

La matière physique que nous connaissons n'est qu'un aspect de la matière. La vraie matière n'est pas là, et même les chimistes et les physiciens ne la connaissent pas. Lorsqu'ils entreprennent de la désagréger, ils se contentent de constater qu'elle libère de l'énergie. En réalité, s'ils avaient des appareils plus perfectionnés, ils découvriraient que cette matière a cédé la place à une autre matière, plus ténue, plus subtile, qui appartient à une autre région.

Mais la matière ultime, les humains n'arriveront jamais à la désagréger : seul Dieu peut le faire. Quand Il désagrégera la matière, elle retournera dans son sein, plus rien n'existera, ce sera le silence absolu, la nuit cosmique. Jusque-là, la disparition de la matière ressemble à la disparition des nuages. Vous avez vu cela : dans un ciel bleu uniformément pur, quelques nuages blancs commencent à se former. D'où sont-ils venus ?... Et quelques instants après, ils se fondent dans l'espace, on ne voit plus rien, mais ils sont là. En réalité, c'est la densité de la matière qui change ; la matière, elle, ne disparaît pas, car elle est le pôle complémentaire de l'esprit. Même la fission de l'atome ne fait pas disparaître la matière.

Combien de philosophes, de théologiens, de mystiques ont essayé de donner une réponse à cette question : qu'est-ce que Dieu ? Aucun n'y a vraiment réussi, parce que Dieu ne s'explique pas avec des mots. Dieu, nous arriverons à savoir ce qu'Il est le jour où nous deviendrons capables de nous fusionner avec Lui. À ce moment-là, oui, nous le saurons, mais nous ne le saurons que pour nous, nous ne pourrons pas le faire comprendre aux autres.

Cette entité que nous appelons Dieu est à la fois masculine et féminine, je vous l'ai déjà expliqué. Quand nous parlons de l'Esprit cosmique et de l'Âme universelle, c'est de Dieu que nous parlons comme d'une entité unique mais polarisée. Cette entité inexprimable, inconcevable, nous pouvons tout de même nous approcher d'elle : par la méditation, par la prière, notre esprit entre en contact avec l'Âme universelle, et notre âme avec l'Esprit cosmique. C'est ainsi que se fait un jour la fusion parfaite.

Une fois engagé sur le chemin divin, efforcez-vous de ne pas retourner en arrière. Et pour ne pas retourner en arrière, la méthode la plus sûre est de se montrer vigilant dans les moindres actes de la vie quotidienne. Il est inutile de nourrir de nobles aspirations, si elles ne sont pas soutenues chaque jour par une bonne attitude intérieure, mais par un bon comportement extérieur aussi. Chaque pensée, chaque sentiment, chaque acte est important. Car l'existence est un tout dont chaque élément a des liaisons secrètes avec les autres, aucun n'est isolé.

La vie quotidienne constitue le socle sur lequel vous construisez tous vos grands projets. Que vous vous destiniez à la philosophie, à l'art, à la politique, à la science, à la spiritualité, il ne suffit pas que vous arriviez à acquérir des compétences dans ces matières. C'est toute votre vie qui doit nourrir votre vocation.

Celui qui veut réussir dans la vie doit évidemment posséder certaines capacités et travailler. Mais cela ne suffit pas. Pour savoir quelle direction prendre, avec qui s'associer, etc., il doit aussi avoir du discernement.

Et comment acquérir le discernement ? En étant désintéressé. Oui, car le désintéressement donne à l'homme la faculté d'y voir clair. Au contraire, l'égoïsme, l'avidité, la cupidité lui brouillent la vue et lui font perdre sa lucidité : tellement obnubilé par la recherche de son intérêt personnel, il aperçoit ce qui se passe autour de lui comme au travers de verres déformants. Et puisqu'il ne voit pas la réalité telle qu'elle est, ce qu'il croit faire dans son intérêt il le fait à son détriment. Eh oui, contrairement à ce qu'on a tendance à penser, ce n'est pas l'égoïsme qui aide nécessairement les humains à arranger leurs affaires, mais le désintéressement.

Il est bon de temps à autre de jeûner au moins vingt-quatre heures. Celui qui sait comment jeûner comprend que le jeûne est une autre façon de se nourrir. Mais oui, quand on prive un peu le corps physique de nourriture, ce sont les autres corps, plus subtils : les corps éthérique, astral et mental,* qui commencent à se nourrir. Quand notre corps physique ne reçoit pas toute la nourriture à laquelle il est habitué, une alerte est donnée, et comme il y a dans l'organisme des entités qui veillent à notre survie, à ce moment-là, d'une région plus haute, ces entités viennent nous procurer ce qui nous manque et nous commençons à absorber certains éléments subtils qui se trouvent dans l'atmosphère. Voilà pourquoi notre respiration s'améliore et un moment après nous nous sentons nourris, car même si elle ne vient pas du plan physique, c'est bien une nourriture que nous avons reçue. Et si, pendant quelques secondes, nous nous arrêtons de respirer, ce sont d'autres entités plus hautes dans les plans astral et mental, qui nous nourrissent.

Le jeûne est donc bien une autre forme de nutrition. Seulement pour pratiquer cette nutrition, il faut être instruit et prendre des précautions. Jeûner est dangereux pour ceux qui ne savent pas qu'il y a des règles à respecter.

* Voir note et schéma, p. 372 et 373.

Ne vous inquiétez pas que quelqu'un puisse prendre votre place. Aucun être ne peut prendre la place d'un autre. Chacun a sa place dans l'univers, parce que Dieu a fait de lui un être unique, doué d'une vibration déterminée. Dans le plan physique, bien sûr, les gens injustes, malhonnêtes, peuvent arriver à en évincer d'autres, mais dans le plan spirituel, c'est impossible. La place que Dieu donne à chacun de nous est absolument celle qu'il mérite. Dans ce domaine il y a une justice absolue.

Aucune créature n'a la possibilité de prendre la place d'une autre, mais chacune doit se développer jusqu'à atteindre la perfection que Dieu a envisagée pour elle. Même si d'autres ont un rôle plus important à jouer, là où elle se trouve, c'est elle qui règne, parce que c'est Dieu qui lui a donné cette place. Par sa vie chaque créature sécrète une quintessence d'elle-même, et cette quintessence lui est spécifique. Aucune autre créature ne peut se substituer à elle, elle reste unique et irremplaçable pour l'éternité.

Pénétrez-vous bien de cette pensée que tout ce qui existe dans le Ciel a une correspondance sur la terre, parce que la terre est un reflet du Ciel. Oui, un reflet seulement, et si vous voulez vraiment connaître la plénitude, qui est un état de l'âme et de l'esprit, ce n'est pas sur la terre que vous devez la chercher mais dans le Ciel.

L'homme est un esprit qui vient du Ciel, et pour pouvoir travailler dans le plan physique il doit entrer dans un corps. Le corps physique est à l'esprit de l'homme ce que l'univers est à Dieu. Oui, l'univers, la nature, représente le corps physique de Dieu. Dieu a un corps formé d'une multitude de centres et d'organes, et notre corps est à l'image du corps de Dieu. Mais ce corps ne peut s'animer que s'il est habité par l'esprit. L'esprit est la manifestation de la présence de Dieu en nous. Quand l'esprit s'en va, il emporte avec lui la conscience, la vie, et il ne reste dans le corps que les éléments physiques qui finissent par se désagréger. Pour rester vivants, le corps, la terre ne doivent jamais couper le lien avec l'esprit, avec le Ciel.

Chaque fois que vous vivez un moment de tristesse, de découragement, pensez qu'il n'y a rien là de définitif et d'irrémédiable, cet état ne durera pas, un bonheur se prépare déjà à vous visiter. Mais en attendant, pour ne pas le subir passivement, dites-vous qu'il est possible d'utiliser cet état pour votre travail intérieur. Les souffrances sont comparables au terreau ou même au fumier que l'on met au pied des fleurs et des arbustes pour les rendre plus vigoureux, plus beaux. Eh oui, là aussi il existe une analogie entre le plan psychique et le plan physique. Et si vous étudiez comment votre psychisme réagit à telle ou telle sollicitation venant du monde extérieur ou de votre monde intérieur, vous découvrirez qu'il est possible de puiser des énergies même dans vos états les plus négatifs.

Ce qui manque aux humains, c'est de connaître les subtilités de la vie intérieure. Nous possédons en nous tout un laboratoire où nous avons la possibilité de chercher les éléments qui nous permettront d'avoir la bonne attitude. Il est impossible de décrire ces éléments comme ça, théoriquement ; chacun doit les trouver personnellement, en observant les effets que produisent sur lui les événements de sa vie quotidienne.

La seule philosophie véridique sur l'homme est celle qui prend en considération la totalité de son être. Pourquoi le mutiler?... Il faut qu'il soit robuste, souple et résistant dans le plan physique ; dans le plan astral, il faut que son cœur soit plein d'amour et de bonté ; dans le plan mental, il doit posséder un intellect lumineux et pénétrant pour comprendre les lois de l'univers et de la vie.

Mais ce n'est pas tout. Si les écoles et les universités donnent pour idéal aux étudiants de devenir des lettrés, des érudits, des spécialistes de telle ou telle matière, la Science initiatique, elle, ne s'arrête pas là. Son but est d'amener les humains encore plus haut, pour qu'ils développent des facultés supérieures à celles du corps mental : c'est-à-dire les facultés du corps causal (l'intellect supérieur), du corps bouddhique (le cœur supérieur), et du corps atmique (la volonté supérieure).* Ce sont ces facultés supérieures qui nous donneront la sagesse, l'amour et la puissance : la plénitude.

* Voir note et schéma, p. 372 et 373.

Efforcez-vous de ne prendre en considération que la nature divine des êtres, leur âme, leur esprit ; c'est elle que vous devez servir. Ne vous occupez pas de satisfaire les caprices de leur nature inférieure, limitée, égoïste… Vous direz : « Oui, mais si je ne cède pas à leurs désirs, dans ma famille, chez mes amis, au travail, je ne vais provoquer que des mécontentements. » Laissez-les se fâcher, continuez à aimer et à servir uniquement leur côté divin !

Jésus disait : *« Laissez les morts enterrer les morts. »* Comment interpréter ces paroles ? Que sont ces morts ? Justement, la nature inférieure des êtres. La nature inférieure, la personnalité, est à classer parmi les morts, et si on cherche tellement à la contenter et à satisfaire tous ses caprices, on finit par mourir aussi soi-même. Jésus ne voulait pas parler des morts des cimetières, ils sont là où ils doivent être ; et ce sont seulement les corps qui sont morts, leur âme, elle, est vivante. Les morts dont parle Jésus sont les êtres qui n'ont aucune vie spirituelle, parce qu'ils se laissent trop aller à leur nature inférieure, et on ne doit pas perdre son temps et ses énergies à les satisfaire.

Les moyens matériels vous manquent souvent pour faire autant de bien que vous le souhaiteriez ? Que cela ne vous attriste pas. Sachez que vous n'êtes quand même pas tout à fait démuni. Vous croisez un mendiant dans la rue : vous lui donnez un peu d'argent, car vous ne pouvez pas lui en donner plus, mais vous pouvez l'aider d'une autre façon en utilisant la puissance de la pensée. Arrêtez-vous un peu plus loin, concentrez-vous et projetez vers tous les passants votre désir de faire quelque chose pour cet homme. Ce que vous ne pouvez pas donner vous-même, d'autres le donneront à votre place et vous aurez aussi participé à ce don.

Ne croyez pas que votre générosité se limite nécessairement à ce que vous êtes capable de faire vous, personnellement ; elle peut également se manifester à travers d'autres. Et cela est encore valable pour tous les cas où vous voulez aider quelqu'un, alors que vous n'en avez pas les possibilités matérielles. Ce qui compte, c'est de toujours nourrir en vous de bonnes pensées et de les nourrir assez puissamment pour qu'elles inspirent à d'autres le désir de les réaliser.

Les créatures angéliques apprécient l'harmonie, elles sont attirées par la musique et le chant. C'est une croyance qui a sa source dans des temps très anciens. Aussi loin que l'on remonte dans l'histoire des hommes, la musique et le chant ont accompagné les cérémonies sacrées. Les entités célestes aiment la musique, elles sont elles-mêmes musique. C'est pourquoi tant de peintres ont représenté le Paradis peuplé d'anges qui chantent et jouent de toutes sortes d'instruments.

Qu'ils proviennent des instruments ou des voix, les sons ont un pouvoir immense, et non pas seulement parce qu'ils peuvent plaire aux oreilles, mais à cause de la puissance des vibrations qu'ils produisent. Nous devons donc prendre conscience des pouvoirs de la musique, et chercher comment utiliser ces vibrations qui, amplifiées par les sensations de ceux qui la jouent ou l'écoutent, créent une atmosphère favorable à la visite des entités lumineuses.

Nous ne connaissons l'or qu'à l'état solide. Mais, en réalité, ce métal que l'on va chercher dans les entrailles de la terre, existe d'abord à l'état igné, et c'est de lui que parle Hermès Trismégiste quand il dit : *« Le soleil est son père, la lune est sa mère, le vent l'a porté dans son ventre et la terre est sa nourrice. »* Oui, c'est le soleil qui est le père de l'or, c'est lui qui le produit, chacun de ses rayons est de l'or ; et la lune est le reflet de cet or. À travers l'air, les rayons du soleil viennent jusqu'à la terre qu'ils pénètrent, et c'est là qu'ils se condensent. Donc, le soleil produit l'or à l'état éthérique et la terre le condense. Dans le soleil, l'or est trop volatil, sa condensation ne peut se produire que dans les entrailles de la terre où se trouvent certains matériaux capables de le fixer.

Et vous, au printemps, lorsque vous regardez le soleil se lever, pensez que vous êtes une sorte de terre dans laquelle l'or de ses rayons peut venir se déposer et se fixer.

D'une façon ou d'une autre, les vérités de la Science initiatique se retrouvent souvent sous la forme de certaines règles ou coutumes instaurées par les humains, au moins pour un certain temps. Le droit d'asile en est un exemple.

Dans l'Antiquité, si un coupable qui était poursuivi parvenait à pénétrer dans le sanctuaire d'une divinité, il était sous sa protection, personne n'avait le droit de se saisir de lui. Cette coutume existait encore au Moyen Âge, où c'étaient évidemment les églises qui servaient de refuge, et cela peut se produire encore de nos jours. Cette tradition est fondée sur un savoir concernant la vie spirituelle : celui qui parvient à se réfugier auprès de Dieu malgré les ennemis intérieurs ou extérieurs qui le poursuivent, se trouve à l'abri. Tant qu'il reste là-haut, sur les sommets de l'âme et de l'esprit, ses poursuivants sont tenus à distance.

Partout et toujours l'argent, les possessions ont été pour les humains une cause d'affrontement. Regardez seulement ce qui se passe dans les familles : que de drames pour des questions d'héritage ! C'est la convoitise, la cupidité qui maintiennent non seulement les familles, mais les sociétés, les pays, dans un état de conflit permanent. Oui, les guerres ont toujours la convoitise pour origine. Quels que soient les motifs, et même souvent très nobles que l'on donne, le mobile réel est toujours d'aller prendre quelque chose chez l'autre : l'argent, les terres, les richesses du sol, et l'autre est évidemment obligé de riposter.

Vouloir posséder n'a rien de répréhensible, mais pas au détriment des autres. Et celui qui est riche ne doit pas tout garder pour lui, mais apprendre à redistribuer ses richesses. Il n'existe pas un être plus riche que le Seigneur, et son meilleur représentant pour la terre est le soleil. Le soleil est tellement riche qu'il déborde. Pourquoi ne pas l'imiter ? Si ce n'est avec des richesses matérielles que vous n'avez peut-être pas, montrez-vous généreux avec vos richesses spirituelles : la bonté, la compréhension, l'indulgence, le pardon…

Jésus disait: *« Soyez parfaits comme votre Père céleste est parfait »*. Même si la perfection divine est un idéal irréalisable pour nous, les humains, c'est sur cette pensée fondamentale que nous devons travailler pour construire notre vie. Il est très important d'avoir une pensée fondamentale autour de laquelle gravitent toutes nos autres pensées ; elle est la charpente qui soutient l'édifice entier.

Mettez donc à la première place la pensée de la perfection divine. À ce moment-là, les pensées disparates qui vous tirent dans tous les sens et vous affaiblissent trouveront leur maître ; elles seront obligées de se soumettre et de participer à votre travail intérieur de régénération. Chaque pensée étrangère qui essaiera de pénétrer en vous sera saisie et mise au service du monde divin ainsi que vous en avez vous-même décidé. Tous les animaux qui voudront piétiner les fleurs de votre jardin intérieur devront se soumettre à cette pensée fondamentale, et elle ouvrira seulement la porte aux entités lumineuses du monde invisible qui viendront faire un travail sur vous.

L'être humain ne vient chaque fois s'incarner sur la terre que pour très peu de temps. Il doit s'instruire, travailler là pendant quelques années, puis il repart… Vous ne pouvez donc avoir une vision exacte et complète de la vie que si vous apprenez à y inclure ce que l'on appelle la mort. Votre vie ne se limite pas seulement à ce laps de temps que vous venez passer sur la terre. Votre vie est très longue, infinie, c'est une succession d'allers et de retours entre la terre et le monde de l'au-delà.

Mais alors même que vous vivez dans le plan physique, vous ne vivez pas uniquement dans votre corps physique, mais aussi dans vos corps psychiques : les corps astral et mental, et dans vos corps spirituels : les corps causal, bouddhique et atmique.* Ces corps, vous devez apprendre à les nourrir, sinon il vous manquera, dans cette existence même, quelque chose de très précieux. Et surtout, lorsque vous partirez dans l'autre monde, c'est dans ces corps que vous devrez vivre ; alors, comment vous sentirez-vous si vous ne les avez pas nourris ?

* Voir note et schéma, p. 372 et 373.

26 Mars

Vous êtes dans un enseignement spirituel : prenez-le au sérieux. Notez toutes les vérités qui vous paraissent importantes, et parmi elles choisissez-en quelques-unes dont vous pensez avoir besoin plus particulièrement en ce moment. Plus tard, dans des circonstances différentes, d'autres vérités vous seront nécessaires et c'est sur elles que vous vous concentrerez.

Ces vérités, dont vous sentez qu'elles sont maintenant importantes pour votre avancement spirituel, votre équilibre, votre paix intérieure, quoi qu'il arrive efforcez-vous chaque jour de les mettre en pratique. Vous éveillez la force divine en vous, et la force divine qui a créé le monde sait comment toucher et organiser les choses dans tout votre être. Cette force divine, seul votre travail a le pouvoir de l'éveiller en vous ; vous créez un lien avec elle, et c'est elle qui vous soutient, qui vous maintient.

La question de l'optimisme et du pessimisme va beaucoup plus loin qu'on ne le pense en général. Seul celui qui recherche les biens spirituels peut être véritablement optimiste ; tandis que celui qui se concentre sur les biens matériels, même s'il est d'abord plein d'espoir, sera un jour ou l'autre obligé d'abandonner ses illusions.

Optimisme et pessimisme sous-entendent deux philosophies de la vie. Le pessimiste ne voit pas plus loin que les petites choses de la terre, alors que l'optimiste ouvre son âme aux vastes étendues du ciel. Il sait que la prédestination de l'homme est de rejoindre un jour sa patrie céleste. Sur le chemin qui conduit à cette patrie, il rencontrera évidemment le mal sous toutes ses formes, il souffrira, il doutera des autres et de lui-même, il se découragera. Mais même dans les pires moments il ne sombrera pas, parce que dans son cœur, dans son âme, reste inscrite cette vérité que Dieu l'a créé à son image, et que cette image de Dieu contient en puissance toutes les richesses, toutes les victoires.

Il ne suffit pas que vous disiez « j'aime », vous devez vous demander comment vous aimez. Car l'amour, on peut le manger, on peut le boire, on peut le respirer, on peut vivre en lui, tout dépend du niveau de conscience.

Celui qui mange l'amour reste dans le plan physique et il ne sera jamais satisfait, car il se contente de plaisirs inférieurs. Celui qui boit l'amour goûte des plaisirs plus subtils, mais il est encore plongé dans les jouissances et les satisfactions du plan astral. Celui qui est parvenu à atteindre les régions du plan mental grâce à l'art ou à la philosophie, respire l'amour.* Quant à celui qui vit dans l'amour, dans le côté subtil et éthérique de l'amour, il le possède comme lumière dans l'esprit, comme chaleur dans le cœur, et il peut répandre cette lumière et cette chaleur sur tous les êtres qui l'entourent. Celui qui vit dans cet amour goûte la plénitude.

* Voir note et schéma, p. 372 et 373.

Combien d'erreurs commettent les humains parce qu'ils ne sont pas maîtres de leur conscience ! Ils ne se rendent pas compte qu'ils sont en train de céder à des volontés de toutes sortes qui tentent de les influencer. Le disciple est celui qui a compris non seulement qu'il doit être lucide, mais qu'il doit s'imposer à tous ceux qui en lui (le ventre, l'estomac, le sexe, le foie, le cerveau, le cœur…) ne cessent d'envoyer leurs représentants pour faire des réclamations. Bien sûr, il ne peut empêcher que certaines suggestions, sous forme d'images ou d'impulsions instinctives, parviennent jusqu'à sa conscience pour essayer de le gêner dans son travail spirituel, mais il n'a pas à leur céder. Ce n'est qu'à cette condition qu'il peut mener une vie indépendante.

Efforcez-vous donc de comprendre que toutes les volontés discordantes qui s'expriment en vous doivent être disciplinées et mises au travail dans l'intérêt de votre être tout entier. Imposez-leur la loi de l'esprit, afin que votre conscience devienne superconscience.

L'être humain est descendu des régions célestes par un processus que l'on appelle l'involution. Au fur et à mesure de cette descente dans la matière, tandis qu'il s'éloignait du feu primordial, il s'est chargé de corps de plus en plus denses, jusqu'au corps physique. Exactement comme lorsqu'en hiver nous devons affronter le froid, nous sommes obligés de mettre des vêtements de plus en plus épais, depuis le tricot et la chemise jusqu'au manteau !

Pour reprendre maintenant le chemin vers le haut, l'être humain doit se dévêtir, symboliquement parlant, c'est-à-dire se dépouiller de tout ce qui l'alourdit : au lieu de chercher à accumuler, il doit apprendre à renoncer, à se dégager, à se libérer. C'est l'accumulation qui favorise la descente. Chaque pensée, sentiment ou désir inspiré par l'instinct de possession vient se coller à ses corps subtils comme le givre sur les branches des arbres en hiver. Il faut que le soleil du printemps recommence à briller pour que le givre fonde et que l'homme retrouve son être véritable.

Un homme seul ou une femme seule ne peuvent pas donner naissance à un enfant ; pour cela ils doivent être deux. Mais, par la parole, chacun séparément peut devenir créateur grâce aux deux principes masculin et féminin qui sont contenus dans sa bouche : la langue et les deux lèvres. Tous les Évangiles ne sont que l'illustration de cette vérité. C'est grâce à la toute-puissance du verbe que Jésus a fait des miracles. Il a dit au paralytique : *« Lève-toi, prends ton lit et marche ! »* et le paralytique a marché. Pour ressusciter Lazare, il s'est rendu devant son tombeau et a crié d'une voix forte : *« Lazare, sors ! »* Pour ressusciter la fille de Jaïre, il lui a pris la main et a dit : *« Enfant, lève-toi ! »* Quand il guérissait des possédés, il ordonnait au démon : *« Sors de cet homme ! »* Quand il a guéri un lépreux, il a dit : *« Je le veux, sois pur ! »* Lorsqu'il a apaisé la tempête, il a dit à la mer : *« Silence, calme-toi ! »*

La façon même dont notre corps est construit contient tout un enseignement sur les deux principes masculin et féminin. Il nous apprend que c'est seulement en bas, dans le plan physique, que les deux principes sont séparés : physiquement, sauf cas tout à fait exceptionnels, un être humain ne peut être qu'homme ou femme. Mais, en haut, dans le plan divin, les deux principes sont réunis comme ils sont réunis dans la bouche ; c'est seulement en haut que l'être humain est créateur et libre.

Dans tout ce que vous entreprenez, tâchez de bien commencer, car le déroulement d'un processus dépend de ce que vous avez mis au début. Oui, mais pour pouvoir placer un bon commencement, il faut déjà avoir su correctement terminer ce qui précède. Cette règle a une application dans tous les domaines.

Quand vous commencez un travail, tâchez de maintenir jusqu'au bout la même attention, le même soin. Et quand vous nouez de nouvelles amitiés, de nouvelles relations, là encore, soyez vigilant, afin que ce qui a commencé par des sourires, des paroles chaleureuses, des cadeaux, des baisers, ne se termine pas par des affrontements. Car tout ce qui se termine mal influence les rencontres et les entreprises futures.

Les adultes prétendent aimer les enfants et se préoccuper de leur éducation, mais ils ne savent pas toujours comment se conduire avec eux ; et en particulier ils ne sont pas assez attentifs à la façon dont ils leur parlent. Combien de parents et d'éducateurs ne cessent de les traiter d'incapables, d'imbéciles, etc., et les enfants, suggestionnés, hypnotisés, deviennent au bout de quelque temps réellement stupides et incapables.

Il faut savoir que la parole est puissante, agissante, et ce que les adultes disent aux enfants peut avoir une très mauvaise influence sur eux, les bloquer, les effrayer. Pour les rendre obéissants ou les faire tenir tranquilles, faut-il vraiment les menacer du loup, du gendarme, du diable ou je ne sais quoi ? Toute leur vie, ensuite, ces enfants risquent de se sentir menacés, en danger, et c'est là l'origine de certaines névroses chez les adultes. Il y a beaucoup de choses que les adultes doivent corriger dans leur attitude à l'égard des enfants, sinon ce qu'ils appellent éducation ne sera en réalité qu'une démolition.

Rire ne signifie pas nécessairement être insouciant, léger et manquer de sérieux. Le rire peut même agir plus bénéfiquement sur le mental que cette mine grave et réfléchie que beaucoup croient être les caractéristiques du sage. Car il y a dans le rire des énergies vivantes qui nourrissent le cerveau.

Rire permet aussi de se redresser, de rebondir. Il se produit dans la vie de chacun des événements qui ne prêtent d'abord pas à rire, c'est vrai, il faut le reconnaître, et il est normal de commencer par être troublé ou chagriné ; mais il est plus facilc de ne pas se laisser accabler si on s'est habitué à voir le côté comique de certaines situations. Alors, ne vous privez jamais de ce moyen puissant qu'est le rire pour maintenir votre équilibre intérieur et rendre votre existence plus légère. Ce n'est pas parce qu'on a des raisons d'être contrarié, triste et découragé qu'on doit accepter de rester dans cet état.

Vous pouvez éblouir les humains avec vos connaissances, cela ne suffira pas pour les transformer. Les connaissances sont évidemment des moyens puissants : elles éclairent les intelligences et fournissent de bons arguments, mais rien de plus. Les gens auront beau avoir été informés, ils auront beau avoir compris, il n'est pas du tout sûr qu'ils bougent. Pour les entraîner, vous devez leur communiquer votre conviction et votre amour. Car la foi et l'amour animent, stimulent, ce sont des forces vivantes.

Devant les difficultés de la vie, celui qui n'a que le savoir reste faible, craintif, chancelant. Tandis que celui qui aime, qui est convaincu, enthousiaste, même sans savoir grand-chose, continue à marcher, il surmonte les obstacles et il entraîne les autres.

En nous créant, Dieu nous a donné tout ce dont nous avons besoin pour nourrir notre corps physique, notre cœur, notre intellect, notre âme et notre esprit. Alors, pourquoi tant de gens se sentent-ils pauvres et misérables ? Parce qu'ils ne savent pas comment prendre ces éléments subtils. Et d'ailleurs, comment le feraient-ils ? Ils ne les voient pas, ils ne les sentent pas, comment pourraient-ils en bénéficier ? La seule chose qu'ils sont capables de faire, c'est de se plaindre : il leur manque ceci, il leur manque cela… Tout est à leur disposition, mais ils restent dans la pauvreté parce qu'ils sont aveugles, faibles, paresseux. Ce sont eux qui se limitent : ils se contentent de manger, de boire, de respirer, c'est-à-dire de se nourrir d'éléments solides, liquides, gazeux, et ils laissent de côté le quatrième élément : le feu, la lumière, celui dont ils ont le plus besoin pour entretenir la vie, la joie et l'inspiration en eux, celui qui leur apportera la plénitude.

Vous direz : « Mais comment se nourrir de ce quatrième élément, où le trouver ? » En regardant le matin le soleil se lever. C'est là que nous apprenons à manger le feu et à boire la lumière.

Comment ne pas apprécier la science ? Elle fait tellement de découvertes dont nous bénéficions tous les jours ! Cependant, on ne peut pas approuver toutes les directions qu'elle prend. Au fond, il se passe avec elle exactement la même chose qu'avec l'argent. Certains disent : « Je suis contre l'argent, c'est lui qui rend les hommes mauvais et malheureux. » Non, ce n'est pas l'argent, l'argent est neutre, c'est l'homme qui le rend bon ou mauvais selon l'usage qu'il en fait. Et il en est de même pour la science : elle embrasse à la fois le bien et le mal. C'est pourquoi ceux qui cherchent les moyens de faire le mal, la science les leur donne, et ceux qui cherchent les moyens de faire le bien, elle les leur donne aussi.

La science est neutre, elle n'a aucune conscience, ce sont les humains qui possèdent la conscience morale, le sentiment de ce qui est bon et de ce qui est mauvais pour eux-mêmes comme pour les autres ; et cette conscience morale doit leur servir à orienter les recherches scientifiques dans une direction bénéfique pour toute l'humanité.

Pourquoi certaines personnes présentent-elles toujours le même visage figé et inexpressif? Elles ne se rendent pas compte combien il est désagréable pour les autres d'avoir sous les yeux quelqu'un qui n'exprime jamais rien de nouveau, de vivant. C'est pourtant une des principales raisons pour lesquelles les gens se quittent : ils en ont assez de voir chez leur mari ou leur femme les mêmes mimiques, les mêmes gestes, les mêmes attitudes, d'entendre les mêmes paroles. Quel ennui ! Ils ne savent pas se renouveler, et alors à la fin, l'autre, fatigué de cette monotonie, va se distraire ailleurs.

Combien de gens n'ont jamais pensé que pour rendre l'existence quotidienne supportable, il faut y mettre de la vie, de la diversité, de la poésie. Alors, attention, si vous vous présentez toujours de la même façon, les autres se fatigueront et se détourneront de vous. Sachez vous renouveler et tous vous aimeront, parce qu'il émanera de vous quelque chose d'expressif, de vivant, de jaillissant.

Dans la Bible, Dieu est souvent appelé le Très-Haut, parce que la puissance est inséparable de l'idée de hauteur, de sommet. Il est plus facile de vaincre un ennemi si on arrive à se placer au-dessus de lui. Dans la vie courante, celui qui domine la situation est inaccessible, inattaquable. Quand on reste en bas, au-dessous, on est toujours plus vulnérable, et en tout cas plus faible.

Il est important de connaître aussi cette loi pour la vie spirituelle, sinon, on aura beau travailler des années durant, on n'obtiendra pas de résultats. Vous voulez méditer : la première chose à faire, c'est d'apaiser vos corps astral et mental. Au fur et à mesure que vous vous dégagez des brouillards, du bruit, de la poussière, c'est-à-dire des sentiments passionnels, des idées et des opinions confuses, votre pensée se fortifie, s'élève, jusqu'à planer très haut dans les régions éthériques. C'est là que commence le vrai travail qui donnera des résultats.

9 Avril

Tant que les êtres humains ne sont pas capables de construire en eux un sanctuaire intérieur pour y placer des entités spirituelles, rien ne leur interdit d'avoir recours aux icônes, aux statues et même de se prosterner devant elles, afin de manifester leur besoin d'adoration du Principe divin. L'essentiel, c'est de s'habituer à tourner ses pensées vers des entités supérieures afin d'être habité par elles, et d'avancer sur le chemin en gardant toujours la tête dans la lumière.

Dès que vous sentez la tristesse, le découragement vous gagner, tournez-vous vers les esprits célestes. Et même si vous ne savez pas quels traits, quel visage leur donner, ce n'est pas si important ; prononcez leur nom, car le nom, lui, est déjà une image, et cette lettre mentale que vous envoyez atteindra son destinataire. Il est donc important de connaître au moins le nom des entités dont vous voulez vous faire entendre.

Vous avez chaque jour tellement de précautions à prendre pour que ce qui vous est utile, indispensable même, ne se retourne pas contre vous ! Fermer les robinets d'eau et de gaz, surveiller le feu et les appareils électriques que vous avez allumés et penser à les éteindre, ne pas laisser traîner des objets sur lesquels vous-même ou d'autres personnes pourriez trébucher… Et si, sur le point de vous endormir, vous n'êtes pas sûr d'avoir fermé votre porte à clé, quittez votre lit et allez vérifier.

Le Ciel n'a pas à monter la garde à l'entrée de votre demeure, ni à vous protéger quand vous vous montrez négligent. Il vous a donné un cerveau, des yeux, des oreilles, des pieds, des mains, et il vous dit : « Vous avez tous ces instruments, servez-vous-en, c'est cela qui vous protégera. Mettez-les au travail, et alors des entités lumineuses seront là pour vous protéger aussi. »

Quand vous vous habituerez à mettre sur un plateau de la balance ce que vous gagnez et sur l'autre plateau ce que vous perdez en vous abandonnant au plaisir, vous découvrirez que les pertes sont immenses et les avantages presque nuls. Pourquoi sacrifier tellement d'énergies précieuses, des énergies psychiques, spirituelles, pour quelques sensations agréables ? Ces sensations s'effacent ou s'oublient (ce qu'on a mangé hier ne vaut plus pour aujourd'hui) et si c'est sur elles que vous fondez votre existence, vous vous préparez un avenir de pauvreté. Tandis que si vous faites un effort pour refuser certains plaisirs, pendant un moment bien sûr cela vous sera pénible, mais vous vous préparez un avenir magnifique. Alors qu'est-ce que c'est que perdre quelques sensations, si on gagne son avenir ?

Ceux qui ne réfléchissent pas disent : « Pourvu que j'aie du plaisir, je serai heureux ! » Oui, mais ils n'ont plus d'avenir. Prenons l'exemple de l'alcoolique ou du joueur : ils ont besoin des sensations que l'alcool et le jeu leur procurent là, dans l'instant. Mais au moment où ils s'arrêtent de boire ou de jouer, dans quel état sont-ils ? Et qu'est-ce qui les attend ?

La vie et la mort sont en lutte constante l'une contre l'autre. On considère généralement qu'elles sont d'égale puissance, et même certains ont tendance à penser que la mort est plus forte que la vie. Non. En apparence, bien sûr, on voit toujours la mort finir par prendre le dessus. Mais en réalité, devant les puissances de la vie, la mort ne peut pas grand-chose. Observez bien, et vous verrez que partout, partout, il n'y a que la vie qui se manifeste.

Quand la mort apparaît de temps en temps, dans un lieu ou un autre, elle entraîne seulement un changement de décor, cela n'empêche pas la vie de continuer ailleurs et sous une autre forme. Si la mort était plus puissante que la vie, il ne resterait plus rien de vivant dans l'univers. Or, la vie est partout et elle sera toujours plus puissante que la mort.

On ne peut nier que les animaux aient une forme d'intelligence. Mais ce qui différencie l'être humain des animaux, c'est qu'il possède un intellect grâce auquel il a la possibilité d'observer, de comparer, de juger et de décider en connaissance de cause dans quelle direction il veut aller.

Son intellect place l'être humain à la frontière du monde inférieur et du monde supérieur. Sachant cela, il doit comprendre qu'il a un rôle d'une importance capitale à jouer dans l'univers : il dépend de lui que s'ouvrent en haut les portes du Ciel ou en bas les portes de l'Enfer. Puisque par son intellect il est placé à la limite des deux mondes, sa compréhension des choses a des conséquences non seulement sur son propre avenir, mais aussi sur l'avenir de la terre. De même que le soleil est la porte des forces divines dans le système solaire, l'être humain peut être la porte des forces solaires sur la terre. Il a donc un rôle immense à jouer.

Pour agir sur la terre, le Ciel a besoin d'ouvriers, des ouvriers convaincus et surtout désintéressés, qui à chaque moment de leur vie se demandent comment réaliser le souhait exprimé par Jésus : l'avènement du Royaume de Dieu sur la terre. Donc, nous les ouvriers que nous sommes, nous devons mettre tout ce que nous possédons comme facultés, talents ou avantages matériels, au service de ce but divin.

Malheureusement, c'est le plus souvent le contraire que l'on constate : des créatures qui ont des dons, des possibilités et qui les mettent au service de leur ventre, de leur sexe, de leur vanité, de leur désir de puissance. Vous direz : « Mais ce sont les matérialistes qui se conduisent ainsi ! » Pensez-vous, combien de spiritualistes aussi cherchent à asservir le Ciel pour satisfaire leurs convoitises ! Mais oui, les anges, les archanges, le Seigneur Lui-même ne sont là que pour ça. Même s'ils ne veulent pas l'admettre parce qu'ils n'en sont pas conscients, c'est ce qu'ils font : essayer d'asservir le Ciel. Ils doivent maintenant devenir conscients et mettre toutes leurs facultés au service de cette idée : le Royaume de Dieu sur la terre.

Il est naturel d'avoir des désirs, mais est-ce qu'on sera à la hauteur de la situation quand ils seront réalisés, ça c'est une autre question. Voici, par exemple, un garçon qui rêve d'épouser une fille ravissante qu'il a rencontrée au bal. Après toutes sortes de péripéties – car il n'est évidemment pas le seul à être tombé amoureux d'elle ! – il parvient à réaliser son rêve. En apparence, c'est magnifique. Mais comme il manque de sagesse, de maîtrise, tous ses instincts inférieurs commencent à se manifester : le soupçon, la jalousie… Il surveille sa femme et tous ceux qui l'approchent, il croit qu'elle le trompe, au point qu'un jour, devenu complètement fou, il l'assassine, et le voilà en prison. Évidemment, cette histoire est un peu simplifiée, mais c'est bien en général ce qui arrive aux êtres qui veulent à tout prix satisfaire leurs désirs sans bien se connaître et sans avoir travaillé sur leur caractère.

On veut épouser la plus belle fille du monde, on veut obtenir un poste de ministre ou être élu président, on veut gagner le gros lot de la loterie nationale, etc., et on peut y arriver. Mais combien de temps durera le bonheur d'avoir remporté ce succès ? Le lendemain déjà, ce sont les problèmes qui commencent. Et alors, est-on prêt à les affronter ?

Vous voulez tous être en bonne santé, vous voulez tous vivre dans la paix, l'amour, la joie. Or, voilà : non seulement vous ne faites pas grand-chose pour y parvenir, mais on dirait même parfois que vous faites tout pour passer à côté. Comment pensez-vous que toutes ces bénédictions vont vous tomber dessus, comme ça, par hasard ? Pour les attirer, il faut faire des efforts, des exercices.

Parmi ces exercices, un des plus efficaces est de travailler sur l'aura. Il existe des méthodes de concentration pour développer l'aura, mais la meilleure méthode, la plus sûre, est la pratique des vertus. Par l'amour vous vivifiez votre aura ; par la sagesse vous la rendez lumineuse ; par la force de votre caractère vous la rendez puissante ; par une vie pure vous la rendez limpide et claire. Chaque vertu que vous développez donne une nouvelle qualité à votre aura. Et c'est cette aura vivante, lumineuse, puissante et claire qui attire sur vous toutes les bénédictions du Ciel.

Il est presque inutile de s'engager dans la vie spirituelle tant qu'on n'a pas compris à quel point la nature inférieure de l'homme est coriace, et combien le travail à entreprendre sur elle demande de vigilance, de persévérance, d'humilité, d'abnégation. Parce qu'elles ont trouvé un enseignement spirituel, beaucoup trop de personnes croient qu'elles vont rapidement se transformer. Eh non, la maîtrise de la vie psychique est tellement plus difficile qu'elles ne l'imaginent ! Il existe bien dans chaque être humain cette capacité de renouvellement, de régénération, de divinisation, mais c'est un processus très lent, et ce que chacun peut réaliser dans cette existence dépend du travail déjà commencé dans les incarnations antérieures.

Pour celui qui n'a pas conscience des difficultés qu'on rencontre inévitablement dans la vie spirituelle, il est impossible de progresser ; alors, il souffrira et il fera aussi souffrir les autres. S'engager dans la vie spirituelle exige d'être d'abord très lucide sur soi-même.

Le christianisme refuse l'idée de la réincarnation. C'est une erreur d'autant plus grave que cela empêche les humains de comprendre comment se manifeste la justice divine. Il ne faut pas s'étonner si ensuite tout paraît insensé : quand on ne voit pas la raison profonde des situations, des événements, ils deviennent incompréhensibles et on en conclut que partout règne l'injustice. En face de la souffrance et du malheur, le chrétien dit : « C'est Dieu qui l'a voulu. » Lui-même – c'est extraordinaire ! – n'a rien fait pour qu'il lui arrive ces malheurs, il n'est responsable de rien, c'est le Seigneur qui fait ce qui Lui plaît, et ce qui Lui plaît ne repose sur aucune justice.

En refusant la réincarnation le christianisme n'a fait qu'égarer les humains. Tandis qu'avec la réincarnation, tout devient clair : on comprend comment d'une existence à l'autre se manifeste la loi des causes et des conséquences. Ce n'est plus le Seigneur qui distribue des biens et des maux sans que l'on sache jamais pourquoi, c'est l'homme qui est l'acteur de sa destinée. Dieu reste donc dans sa grandeur, dans sa splendeur, dans sa perfection, et surtout dans sa justice.

Étudiez bien les relations qu'entretiennent en vous la nature inférieure et la nature supérieure. Vous prenez de bonnes résolutions, ou vous faites le projet d'aider quelqu'un : sachez que votre nature inférieure est là qui surveille et qui envoie des suggestions, des tentations pour vous en détourner. Elle vous chuchote : « Mais rien ne presse… Tu as le temps… Pourquoi te donnes-tu tant de mal ? » Et c'est ainsi que, le moment venu, vous n'avez plus autant d'entrain, de conviction, et vous abandonnez ces projets.

Eh oui, qu'est-ce que vous croyez ? La nature inférieure, c'est tout un peuple qui habite au-dedans de vous, et ce peuple, comme tous les peuples de la terre, ne compte pas uniquement des créatures honnêtes, nobles, généreuses ; il y a, là aussi, des entités malfaisantes qui cherchent à s'exprimer à travers votre cœur et votre intellect. Vous devez le savoir et être vigilant afin de pouvoir réaliser tous vos bons projets.

Vous récitez : « Seigneur, j'aime ta sagesse, j'ai foi en ton amour, j'espère en ta puissance », mais avez-vous bien approfondi le sens de cette prière ? Lorsque vous dites au Seigneur : « J'aime ta sagesse », votre amour rencontre la sagesse de Dieu et vous l'attirez en vous. Lorsque vous dites : « Je crois en ton amour », votre foi rencontre l'amour divin et Dieu vous aime parce que vous croyez en Lui. Quand vous dites : « J'espère en ta puissance », votre espérance rencontre la puissance de Dieu, qui vous protège à cause de votre espoir.

Pour attirer la sagesse, l'amour et la puissance de Dieu, nous devons donc travailler avec ces trois vertus : l'amour, la foi, l'espérance. En nous, ces trois vertus sont liées respectivement au cerveau, aux poumons et à l'estomac, et elles peuvent en améliorer l'état, puisque la santé physique dépend aussi de la vie spirituelle. Pour votre estomac augmentez votre espérance, pour vos poumons augmentez votre foi, et pour votre cerveau augmentez votre amour, car c'est par l'amour que l'on comprend la sagesse. Maintenant que vous en connaissez la signification, habituez-vous à répéter cette formule : « Seigneur, j'aime ta sagesse, j'ai foi en ton amour, j'espère en ta puissance. »

N'oubliez jamais que vous êtes habité par un esprit, une étincelle jaillie du sein de l'Éternel, du Feu primordial, pour s'incarner dans la matière. Cette étincelle porte en elle tous les projets divins, et ses pérégrinations à travers la matière n'ont pas d'autre but que de réaliser ces projets. Mais pour subsister elle a besoin de nourriture.

Un des symboles de la nourriture, de la nourriture physique comme de la nourriture spirituelle, est le pain. Jésus disait : *« Je suis le pain vivant... », « Je suis le pain descendu du Ciel ».* Et le soir de la Cène, il a béni du pain pour le donner à ses disciples en disant : *« Mangez, ceci est mon corps. »* Le pain représente donc les éléments de la vie divine. En venant sur la terre, nous sommes déjà en possession de certains de ces éléments. Ceux qui les ont gaspillés dans leurs incarnations antérieures en ne vivant pas raisonnablement, doivent s'efforcer de les retrouver, sinon ils continueront leur voyage au milieu de grandes difficultés. Dans une École initiatique, nous ne faisons rien d'autre que remplir nos sacs et nos greniers intérieurs, c'est-à-dire notre intellect, notre cœur, notre âme et notre esprit, de ce pain vivant descendu du Ciel.

De nombreuses légendes entourent la coupe du Graal. Une tradition rapporte qu'elle fut taillée dans l'émeraude tombée du front de Lucifer quand, s'étant révolté contre Dieu, il fut précipité dans l'abîme. C'est de cette coupe que Jésus se serait servi le soir de la Cène, et après la crucifixion Joseph d'Arimathie y aurait recueilli quelques gouttes de son sang. Joseph d'Arimathie aurait ensuite légué cette coupe à son fils, puis on en a perdu la trace. Beaucoup ont tenté et tentent peut-être même encore de la retrouver, mais en vain.

Quelle que soit l'origine de la coupe du Graal et ses aventures, l'essentiel, c'est de comprendre sa signification symbolique. La coupe représente le principe féminin. Elle est taillée dans une émeraude et la couleur verte est celle de Vénus. Cette coupe est le réceptacle qui recueille et protège le principe masculin, l'esprit, représenté ici par le sang, qui est de couleur rouge, la couleur de Mars. La coupe du Graal est donc l'image idéale du corps de tout être humain qui a su travailler sur sa propre matière, la purifier, la rendre inaltérable, incorruptible, digne de recueillir la plus précieuse des quintessences : le sang du Christ, l'esprit.

À ses disciples qui lui disaient : *« Seigneur, les démons mêmes nous sont soumis en ton nom »,* Jésus répondit : *« Ne vous réjouissez pas de ce que les esprits vous soient soumis, mais réjouissez-vous de ce que vos noms sont inscrits dans les cieux. »* Et vous aussi, du moment que par vos pensées, vos sentiments, vos actes, vous vous efforcez de participer à la vie divine et de répandre cette vie partout autour de vous, votre nom sera inscrit dans les cieux et vous ne serez plus privé de rien. Et que ceux qui se sentent pauvres, délaissés, misérables, sachent qu'il n'est jamais trop tard pour se rendre dignes de voir leur nom inscrit.

Les *Évangiles* rapportent que Jésus fut crucifié entre deux malfaiteurs. L'un d'eux le provoquait en se moquant de lui, mais l'autre qui, dans son âme, avait senti son exceptionnelle grandeur, lui adressa cette prière : *« Souviens-toi de moi quand tu seras dans ton royaume. »* Et Jésus lui répondit : *« Je te le dis, en vérité, aujourd'hui tu seras avec moi dans le paradis. »*

Maintenant que vous vous êtes engagé sur le chemin divin, vous devez poursuivre inlassablement votre marche. L'un après l'autre, les obstacles cèdent devant celui qui ne s'arrête pas en chemin, car il a mis en mouvement les puissantes lois de la vie.

La vie spirituelle est comme l'ascension d'une haute montagne. Sur ces sentiers ardus, escarpés, il est impossible que vous ne passiez pas par des moments de faiblesse, de découragement, ou même de chute, mais ce n'est pas une raison pour vous arrêter. Pendant quelques jours peut-être vous vous sentirez mourir… mais vous ressusciterez ! Au plus profond du découragement vous devez vous accrocher à cette mystérieuse lueur qui reste encore en vous : elle vous dit que « la mort » que vous êtes en train de subir sera suivie d'une résurrection et que personne mieux que vous ne peut vous secourir, car toutes les puissances de vie sont en vous.

«Travailler d'après les lois de la sagesse et les méthodes de l'amour, voilà le programme», disait le Maître Peter Deunov. La sagesse nous indique l'idéal vers lequel nous devons tendre, et ce programme nous occupera pour l'éternité. Pour le réaliser, nous devons adopter les méthodes de l'amour en vivant chaque minute avec beaucoup d'attention. Les lois représentent les points fixes d'après lesquels nous devons nous diriger, et les méthodes sont nos instruments de travail. Les méthodes de l'amour nous permettent de réaliser les buts grandioses de la sagesse. Ils se trompent, ceux qui croient pouvoir arriver à la sagesse en négligeant l'amour: ils se dessécheront et tomberont en poussière.

Les méthodes de l'amour sont nombreuses, ce sont elles qui nous permettent de faire des échanges avec la nature entière par la respiration, la nutrition, la contemplation du lever du soleil… des échanges avec les êtres humains en manifestant la bonté, la générosité, la patience… des échanges avec le monde divin par la méditation et la prière.

La simplicité… si peu de personnes connaissent le sens et l'importance de ce mot ! Elles s'arrêtent à ses manifestations extérieures : la simplicité dans les vêtements, dans les manières, la simplicité dans la façon de vivre. En réalité, la simplicité est une attitude philosophique qui consiste à s'éloigner du monde physique, le monde des phénomènes, pour s'élever jusqu'au monde spirituel, celui des principes. Voilà la simplicité : aller vers le centre, vers le sommet. Tandis qu'avec la complication on fait le chemin inverse : du centre vers la périphérie, du sommet vers la base. Quand on sort de la simplicité, de l'unité, on doit faire face à tellement de détails qu'on ne voit plus comment les choses s'organisent entre elles d'après les lois de l'affinité ; on est tiraillé, on tâtonne et on s'affaiblit.

Le symbole le plus éloquent de la simplicité est le diamant, car il est sans mélange : du pur carbone. Et nous aussi, quand nous trouverons la simplicité véritable, nous posséderons la pureté du diamant, mais aussi sa résistance.

Des jeunes gens viennent quelquefois me parler de leurs projets d'avenir. Ils souhaitent faire telles ou telles études pour exercer plus tard un métier où ils gagneront beaucoup d'argent. Car, ajoutent-ils, cela leur permettra d'aider les autres. Et vous pensez que je suis convaincu et émerveillé ?… Non, pas du tout, car je vois toujours ce qui se cache de très personnel derrière ces intentions apparemment généreuses. Ceux qui parlent ainsi ne savent pas dans quel engrenage ils se préparent à mettre le doigt, et une fois qu'ils auront mis un doigt, peu à peu c'est leur être entier qui sera pris. Quand on commence à avoir pour but de gagner beaucoup d'argent, on doit savoir qu'on s'enfonce dans la matière, et on sera un jour tellement bien absorbé par elle, que non seulement on oubliera très vite qu'on voulait aider les autres, mais encore on deviendra égoïste et dur.

Eh oui, on est plein de bonnes intentions, mais la matière est un piège pour les enfants de Dieu. Vous direz : « Alors, que faut-il faire ? On doit renoncer à gagner de l'argent ? » Non, mais il faut d'abord se renforcer spirituellement pendant des années ; c'est à cette condition que l'on devient le maître de l'argent et non son esclave.

L'Intelligence cosmique a donné à toutes les créatures vivantes, et aux animaux surtout, un instinct qui les pousse à trouver des solutions à leurs problèmes, des remèdes à leurs maux. Un animal malade, par exemple, trouve instinctivement la plante qui le guérira. Et dans de nombreuses circonstances, cet instinct que la nature leur a donné vient aussi aider les humains. Mais l'instinct ne suffit pas, c'est une impulsion aveugle qui appartient au domaine du subconscient, et c'est à l'homme de l'éclairer, de le rendre conscient. Cet instinct est déjà une sorte d'intuition, mais manifestée dans les régions inférieures, alors que l'intuition véritable appartient aux domaines de l'âme et de l'esprit.

L'instinct et l'intuition présentent donc de grandes similitudes, il s'agit presque de la même faculté mais manifestée dans deux régions différentes. Pour trouver la plante qui le guérira, l'animal possède un flair qui n'a aucun rapport avec l'intelligence, la conscience. Tandis que chez l'être évolué tout est conscient : son intuition est un savoir.

Même après plusieurs échecs et déceptions, combien parmi vous s'obstinent à croire que ce n'est pas leur compréhension de l'amour qui est défectueuse, mais seulement qu'ils n'ont pas encore rencontré l'âme sœur ! Comme si le bonheur n'était qu'une question de rencontre… Malheureusement, ce n'est pas ainsi que les choses se passent : l'âme sœur ne se présente pas comme un homme ou une femme que vous allez rencontrer par hasard et pour qui vous aurez le coup de foudre. La rencontre avec l'âme sœur, c'est d'abord un processus psychique par lequel la partie supérieure de vous-même attire sa partie complémentaire. Vous devez avoir travaillé longtemps pour vous montrer digne de votre moitié divine. Mais lorsque vous avez enfin établi le lien, vous sentez qu'elle est là, car elle habite en vous.

Vous voulez vraiment trouver votre âme sœur ? Commencez par ne pas partir à sa recherche. Concentrez-vous sur la lumière, et l'âme sœur viendra d'elle-même, attirée par cette lueur qu'elle verra briller en vous. Vous ne savez pas où est votre âme sœur ? Mais elle, elle sait où vous êtes. Qu'il vous suffise de l'attendre intérieurement : elle viendra.

Tout en se prétendant monothéistes, une majorité de chrétiens ont eux aussi, d'une certaine façon, un véritable panthéon qu'on retrouve dans leurs calendriers : tous ces saints et ces saintes vers lesquels ils se tournent pour leur adresser des prières et leur rendre un culte.

La coutume d'invoquer des entités spirituelles auxquelles on attribue différents pouvoirs remonte très loin dans le temps et les chrétiens l'ont tout simplement reprise et prolongée. Ce qui montre bien que, même pour eux, Dieu est tellement inaccessible qu'ils ont besoin d'avoir recours à des intermédiaires. Seulement, au lieu de s'adresser aux saints, dont certains sont des figures de légende qui n'ont même jamais existé, pourquoi ne s'adressent-ils pas aux hiérarchies angéliques ? Elles sont mentionnées dans les offices religieux, mais les chrétiens n'y ont pas tellement prêté attention. Ces hiérarchies angéliques sont les Anges, les Archanges, les Principautés, les Vertus, les Puissances, les Dominations, les Trônes, les Chérubins, les Séraphins.* Ce sont des entités très puissantes qu'il est important d'apprendre à connaître pour entrer en relation avec elles et recevoir leurs bénédictions.

* Voir tableau et note, p. 374-376.

La Science initiatique, ce qui est magnifique avec elle, c'est qu'on n'a aucun espoir d'arriver au bout ! Oui, c'est cela qui est exaltant : savoir qu'on n'en finira jamais. Malheureusement, pour certains, c'est le contraire qui se produit. Ils se disent : « C'est tellement long, les résultats tardent tellement, j'abandonne ». Et ils se choisissent un but qu'il est possible d'atteindre en quelques années. Ils l'atteignent, ils sont contents, ils ont fini par obtenir ce qu'ils souhaitaient ; mais bientôt ils s'aperçoivent que, eux aussi, sont « finis », morts, enterrés... parce qu'ils sont partis à la recherche de quelque chose de fini !

Seuls ceux qui ont compris qu'ils doivent rechercher l'infini, l'illimité, ce qui est au-delà du temps et de l'espace, se sentent vivants, parce que la vie véritable, c'est l'immensité, l'éternité. Ne vous réfugiez donc pas dans ce qui est accessible, limité : embrassez l'infini et votre joie aussi sera infinie. Ce sera le bonheur, la lumière, la force, l'épanouissement de tout votre être.

Si les humains s'obstinent à fermer les yeux sur le monde spirituel, la véritable poésie, la véritable beauté quitteront la terre. Et qu'est-ce qui les remplacera ? On ne verra alors que des cimetières, des prisons et un immense parc zoologique où des animaux seront les gardiens d'autres animaux. Et quels animaux !

Il n'y a d'art véritable que celui qui puise son inspiration dans le monde de la lumière. Avoir un haut idéal, le plus haut idéal, est le meilleur moyen d'entrer en contact avec ce monde de la lumière. Ce plus haut idéal est nécessairement inaccessible, mais nous avons besoin d'un but qui se situe à l'infini. Ainsi, sur la route que nous suivrons pour nous rapprocher de lui, des liens innombrables se tisseront entre nous et l'univers entier ; et nous aurons l'éternité pour passer par toutes les stations de l'abondance, de la richesse, de la joie, de la lumière et du vrai savoir.

Les livres qui présentent des méthodes pour devenir clairvoyant ne manquent pas. On vous explique là comment regarder dans une boule de cristal ou un miroir magique, utiliser certaines plantes ou certains onguents, se faire hypnotiser, etc. Toutes ces méthodes ont certainement quelque efficacité mais, j'ai toujours insisté sur ce point, elles sont dangereuses pour ceux qui les utilisent sans avoir d'abord travaillé à se purifier.

Jésus disait : *« Bienheureux les cœurs purs car ils verront Dieu. »* On peut devenir clairvoyant sans avoir travaillé sur la pureté, seulement ce n'est pas le monde divin que l'on verra, c'est tout ce qu'il est préférable de ne pas voir : les catastrophes qui se préparent, les crimes qui se trament dans le secret, les malheurs, les entités obscures et malfaisantes qui circulent parmi les humains. Autrement dit, on ne voit que ce qui correspond au niveau psychique que l'on a soi-même atteint, ou à peine davantage. C'est pourquoi celui qui veut obtenir la véritable clairvoyance, la vision du monde divin, doit travailler sur l'amour spirituel et la pureté.

Quelqu'un vient me confier qu'il est visité par des pensées et des sentiments qui le perturbent, et il ne comprend pas pourquoi ; cela, d'après lui, n'a aucun sens, ces pensées et ces sentiments sont tellement éloignés de sa nature, de son caractère, de ses préoccupations ! Je lui dis : « En êtes-vous sûr ?... Vous n'en voyez peut-être pas la raison, mais ces pensées et ces sentiments ne peuvent pas vous venir par hasard. D'une façon ou d'une autre vous leur en avez fourni les conditions, vous leur avez préparé de la nourriture. »

Si vous avez mis un bol de lait sur le rebord de votre fenêtre, vous ne devez pas être étonné de voir arriver tous les chats du quartier. Vous vous contentez de les chasser, ça ne servira à rien, enlevez plutôt le bol de lait. Sinon les chats vous diront : « De quoi te plains-tu ? C'est toi avec ce lait qui nous as attirés. » Vous vous sentez envahi par certains états négatifs ? Commencez par vous demander ce que vous avez fait pour les attirer, car c'est sûr, vous les avez attirés.

Lorsqu'un pays est menacé d'invasion, il décrète la mobilisation générale et il masse les hommes et les munitions à sa frontière. Celui qui veut construire sa maison fait venir des matériaux de différents endroits et il les rassemble sur l'emplacement choisi pour la construction. Et imaginez aussi que vous vouliez brûler de vieux chiffons et de vieux papiers mais que vous n'ayez pas d'allumettes : vous pouvez prendre une loupe, l'orienter de façon à concentrer les rayons du soleil, et le feu prend.

Ces trois images vous éclairent sur les méthodes à utiliser pour votre travail spirituel, qu'il s'agisse de vous protéger des ennemis, de construire votre temple intérieur ou de brûler les impuretés au feu du soleil divin. Dans chaque cas, il y a quelque chose à mobiliser et à concentrer. Rien n'est possible dans l'éparpillement, et beaucoup d'exercices que je vous indique ont pour but de mobiliser vos énergies…

Les hommes et les femmes se cherchent : instinctivement, ils sentent qu'aussi longtemps qu'ils n'auront pas trouvé un être auquel s'unir, il leur manquera quelque chose. Mais pour l'être humain, la véritable union ne peut se faire qu'intérieurement avec le principe divin que chacun porte en lui. Lorsque le contact se produit, l'étincelle jaillit et, d'un seul coup, il sent tout son être vibrer à l'unisson avec l'immensité et se fondre en elle.

Travaillez pour parvenir à faire au moins une fois dans votre vie l'expérience d'une telle fusion, ce sera comme une goutte de lumière qui continuera à vivre en vous. Et vous devrez continuer à maintenir cette union jusqu'à la perfection de tout le savoir, de tous les pouvoirs. C'est là que commence le vrai travail : vous êtes passé sur l'autre rive, vous êtes sur le chemin de la perfection, mais il y a encore toute une distance à parcourir avant d'arriver au but. Vous avez saisi une goutte de lumière, et grâce à cette goutte vous pouvez déjà boire, vous réjouir. Mais vous n'êtes pas encore plongé dans l'océan. Alors, vous devez continuer jusqu'à ne plus faire qu'un avec l'océan de la lumière divine. C'est à ce moment-là que vous vous serez vraiment retrouvé.

Quand je parle de pureté, c'est avant tout sur la pureté des pensées et des sentiments que je veux insister. Pour purifier vos pensées et vos sentiments, vous devez éviter tout calcul égoïste et, aussi souvent que vous le pouvez, faire preuve de désintéressement, de générosité.

Chaque fois que vous cherchez à tirer des avantages personnels d'une situation, vous vous obscurcissez et vous contractez des dettes qui vous alourdissent. Aucune justice humaine ne viendra, bien sûr, vous demander des comptes, parce que la justice humaine ne s'occupe pas des pensées et des sentiments, mais la Justice divine, elle, vous enverra ses huissiers et vous devrez payer vos dettes. « Comment ? direz-vous, payer des dettes ? – Oui, et ces dettes se paient dans le plan psychique par des privations, par des souffrances. Les états de pesanteur, d'obscurité intérieures que vous ressentez parfois sont le résultat de dettes que vous avez contractées. – Mais alors, comment les payer ? – Par votre bonté, votre générosité, votre abnégation. Mais surtout, efforcez-vous de ne pas en contracter d'autres. »

Il y aurait beaucoup à dire sur les pouvoirs de la parole : comment elle crée des formes, comment elle agit sur les organes psychiques et physiques non seulement de ceux qu'elle mentionne, mais aussi de ceux qui la prononcent et de ceux qui l'entendent. Savoir être juste, mesuré, précis dans ses paroles est une des plus grandes qualités qui existent.

Comme on écrit avec une plume, on écrit avec la langue. Chaque parole est déjà une lettre que l'on adresse non seulement aux êtres humains, mais à toutes les entités qui peuplent la nature. Quelles que soient les créatures, il faut s'efforcer de leur parler avec une langue en or. Oui, car la langue des humains peut être de diverses matières : plomb, cuivre, fer, étain, argent, or. Une langue en or éclaire et apaise les âmes.

La patience est la plus grande manifestation de l'amour. En bulgare, patience se dit « tarpénié » et le mot « delgotarpénié » désigne la patience de Dieu. Dieu est appelé « delgotarpelniv » qu'on peut traduire par le français « longanime » (« deleg » signifie long). « Longanimité » n'est pas un mot que vous entendrez souvent prononcer, mais c'est le plus approprié pour désigner cette infinie patience de Dieu.

Penchons-nous donc un instant sur cette merveilleuse patience. Depuis des millions et des millions d'années, Dieu attend que les pierres deviennent des hommes, et rien ne peut troubler sa paix. Il supporte tout, Il ne bouge même pas quand Il voit tant de créatures malfaisantes commettre des crimes et saccager le monde qu'Il a créé. Cette patience est certainement la chose la plus troublante, la plus incompréhensible qui soit. Pour la comprendre, il ne reste qu'une voie : s'efforcer de s'en approcher par tous les moyens, car aucune définition, même la plus savante, ne peut nous amener à la comprendre. Cette longanimité de Dieu est l'expression de son amour.

Les pharisiens et les sadducéens, qui voulaient trouver un prétexte pour faire condamner Jésus, lui posèrent cette question : *« Est-ce qu'il faut payer l'impôt à César ? »* Jésus se fit alors donner une pièce de monnaie et demanda : *« De qui est cette image ? – De César. – Alors, rendez à César ce qui est à César, et à Dieu ce qui est à Dieu. »*

Depuis deux mille ans qu'ils citent cette phrase, les chrétiens n'ont jamais trouvé combien ils doivent donner à César, et combien au Seigneur. Pour moi, c'est simple, j'allume un feu de bois, il brûle et je dis : « Que voyons-nous ? Tout d'abord une quantité de flammes… puis des gaz, en quantité moindre… puis de la vapeur d'eau, encore moins… Puis, peu à peu, tout cela disparaît et il ne reste plus qu'une poignée de cendres. Eh bien, c'est cela qui revient à César, la matière, la terre qui reste, car l'empire de César ne s'étend que sur la matière. » Les flammes, les gaz, les vapeurs qui s'élèvent, appartiennent au Ciel. Alors, voilà : il faut consacrer les trois quarts de ses possessions, de ses activités, de ses pensées et de ses sentiments au Seigneur, et un quart à César. C'est clair.

Du point de vue initiatique, le cheval est un symbole de notre nature inférieure, notre personnalité, qui s'exprime à travers le corps physique, le corps astral et le corps mental.* Le travail du disciple consiste d'abord à exercer un contrôle sur son cheval – ou plus exactement sur ses trois chevaux. Pour cela il doit savoir comment bien tenir les rênes en main. Que sont ces rênes ? Les liens fluidiques que le cavalier établit entre ses trois chevaux et lui-même pour pouvoir les maîtriser et les conduire dans la bonne direction.

Pour que ces trois chevaux obéissent et marchent ensemble en harmonie, il faut aussi les nourrir convenablement avec des aliments appropriés. Le cheval physique, le corps, a besoin d'une nourriture saine, fraîche, ainsi que d'exercices pour devenir résistant. Le cheval astral, le cœur, a besoin de pureté, d'amour et de douceur. Quant au cheval mental, l'intellect, il faut le nourrir uniquement de sagesse et de lumière.

* Voir note et schéma, p. 372 et 373.

Pourquoi les humains s'adressent-ils la plupart du temps au Seigneur ? Pour qu'Il arrange leurs affaires, qu'Il satisfasse leurs désirs. Jusqu'à quand vont-ils encore se conduire comme des enfants exigeants, capricieux ? Quand comprendront-ils qu'ils doivent au contraire Lui demander d'accomplir sa volonté, de Le servir, de participer à son travail ?

Peut-être que le Seigneur aussi a besoin de têtes et de bras… Alors, voilà désormais les prières que vous devez Lui adresser : « Seigneur, Tu m'as déjà tout donné et largement, je ne Te demande rien, je Te prie seulement de me prendre à ton service, de me faire participer à ton travail. » Quelle joie, à ce moment-là, vous allez donner au Seigneur et à ses anges ! Au milieu de ces multitudes qui demandent que le Ciel entier se mobilise pour satisfaire leurs besoins égoïstes, ils apercevront les signaux lumineux que vous leur lancez et ils diront : « Enfin, voici un être qui a compris, recevons-le parmi nous. »

Quand ils doivent paraître en public, les responsables de toutes sortes, hommes politiques, chefs d'entreprises, s'efforcent de montrer un visage ouvert, détendu et même souriant. Ils savent qu'il faut faire croire que tout va bien, la vie est belle ! Mais souvent il y a dans cette attitude quelque chose d'artificiel qui ne rassure pas grand monde ; bien au contraire, le public sent que ce sont des comédies et il a même l'impression qu'on se moque de lui.

Par l'expression de son visage, par son regard, par son sourire, chacun de nous transmet la vie. Mais cette vie doit venir de l'intérieur, on ne peut pas la fabriquer. Rien ne remplace le travail spirituel, le travail sur soi-même pour créer cette vie qui rassure, apaise, encourage les êtres. Alors, tout se fait naturellement. Comment la lumière intérieure ne trouverait-elle pas la meilleure façon de s'exprimer ?

Quelqu'un dit : « Je suis mon seul maître, personne n'a le droit de me dicter ses volontés. » Le pauvre, est-ce bien lui qui gouverne ?… Quand je dis « lui », je sous-entends son Moi divin. Eh bien, ce n'est pas sûr, d'autres ont pris sa place, des forces chaotiques, ténébreuses, des passions qu'il laisse se déchaîner en lui. Pendant ce temps, lui, son vrai moi est là comme un prisonnier enfermé quelque part dans un petit cachot, on le nourrit de quelques croûtons de pain et d'un peu d'eau, et il souffre, il est malheureux.

Combien de gens croient être libres et puissants ! Et peut-être arrivent-ils au moins pour un moment à s'imposer à leur entourage ou même à un pays entier ; mais leur liberté et leur pouvoir ne sont qu'apparents. En eux, c'est l'anarchie, et cette anarchie intérieure est bien plus grave et dangereuse que l'anarchie politique ou sociale. C'est elle qui remplit les prisons, les cliniques et les asiles psychiatriques. Jusqu'à quand ? Jusqu'à ce que les humains conscients, vigilants, arrivent à rétablir en eux-mêmes l'autorité du principe divin.

L'attention entretient l'amour, elle entretient la vie. Alors, prêtez attention aux arbres, aux fleurs que vous rencontrez sur votre route, aux gouttes de rosée, aux papillons, aux oiseaux.

Vous pouvez comprendre aussi ce conseil intérieurement. Car en vous aussi il y a des papillons qui voltigent de fleur en fleur et des oiseaux qui chantent. Parfois, en ouvrant votre fenêtre le matin, vous vous sentez habité par des présences invisibles, pareilles à celles qui peuplent les contes de fées, et c'est comme si les gouttes de rosée brillaient sur les fleurs et les feuilles de votre âme. Portez attention à cette sensation, ne la laissez pas s'évanouir sans essayer de la retenir au moins un moment.

L'intellect entre évidemment pour une grande part dans la formation de la pensée, mais le cœur ne doit pas en être exclu. La pensée est l'enfant de l'intellect, mais elle doit être aussi l'enfant du cœur et recevoir de lui la bienveillance, la générosité. Un tel enfant apportera partout de bonnes choses.

Les humains ne savent pas à quel point ils sont prolifiques ! Ils donnent sans cesse naissance à des pensées qu'ils laissent partir dans l'espace sans se demander si elles seront utiles ou nuisibles, capables de les libérer et de libérer les autres, ou le contraire… À leur insu, ils préparent le moment où tous les êtres que ces pensées auront touchés viendront les remercier, ou alors leur réclamer de payer les dégâts qu'elles auront produits. Oui, et je vous parle sérieusement : chaque pensée qui sort de vous est imprégnée de votre magnétisme, de votre fluide, de votre parfum, et fatalement elle vous revient un jour. Alors, ce sont des regrets et des souffrances, ou bien des réjouissances et des festins.

Jésus disait : *« Celui qui croit en moi fera aussi les œuvres que je fais »,* et par son enseignement, par son exemple, c'est à tous les hommes qu'il a ouvert le chemin, pour qu'ils deviennent comme lui, qu'ils agissent comme lui et qu'ils puissent dire aussi un jour comme lui : *« Mon Père et moi nous sommes un. »*

Si, en lisant les *Évangiles,* vous n'avez pas conscience de ce qui vous unit à Jésus, de ce que vous avez de commun avec lui, d'identique à lui, c'est que vous avez laissé toutes sortes d'éléments obscurs recouvrir votre nature divine, alors, évidemment, vous ne pouvez plus la reconnaître. Mais si vous travaillez avec l'amour et la sagesse pour purifier vos pensées, vos sentiments et vos actes, vous sentirez peu à peu votre nature divine s'éveiller. Oui, vous devez arriver à cet état de conscience où vous sentez que vous n'êtes plus séparé du Seigneur, que vous êtes un avec Lui.

Le désintéressement n'est pas la vertu la plus répandue chez les humains. Même quand ils donnent quelque chose ou qu'ils tiennent des discours généreux, il y a presque toujours un calcul derrière. En réalité, bien sûr, aucun geste, aucun sentiment, aucune pensée ne peut être absolument désintéressé. Même l'amour envers Dieu est intéressé. Celui qui aime le Seigneur sait qu'il gagne la lumière, la liberté, la vie éternelle ; il y a donc un intérêt dans cet amour. Mais en changeant d'objet, cet intérêt a changé de plan, car la lumière, la liberté, la vie éternelle sont des acquisitions divines.

C'est donc dans cette direction que nous devons aller : vaincre l'intérêt inférieur qui ne tend qu'à satisfaire les instincts et les convoitises, pour trouver un intérêt supérieur : le besoin de grandir, de nous ennoblir, de nous diviniser. Mais, là encore, il y a un intérêt ; quoi que nous fassions, nous agissons par intérêt.

Après avoir gaspillé la plus grande partie de leurs facultés et de leurs énergies dans les plaisirs et les distractions, il arrive que des hommes et des femmes décident de fonder un foyer. Ils n'ont plus rien à apporter à une famille, mais ça ne fait rien, ils se marient et ils ont des enfants qui ont là de drôles de parents. Eh bien, c'est à peu près ce qui se passe avec certaines personnes qui se décident un jour à servir Dieu. Pendant des années elles se sont amusées, elles ont goûté sans mesure à tous les plaisirs de la vie, et lorsqu'elles n'ont plus d'énergies pour continuer à mener cette existence, elles décident que c'est le moment de se mettre au service du Seigneur. Mais que peut faire le Seigneur avec une armée d'invalides, d'éclopés et de gâteux ?

Il ne faut pas attendre d'être vieux, usé, incapable, pour servir le Seigneur. C'est quand on est jeune, beau, rempli de forces, qu'on doit avoir une discipline, un idéal et consacrer sa vie au Ciel. Le Ciel se penche alors sur des êtres pareils pour déposer en eux sa sagesse et son amour. Il ne les abandonne pas et il leur donne les possibilités de réaliser leur idéal divin.

Beaucoup de gens qui se rencontrent n'ont rien à se dire. Mais il suffit que le nom de telle ou telle personne soit prononcé pour qu'immédiatement ils trouvent là un sujet inépuisable de commentaires, et ces commentaires sont rarement inspirés par l'indulgence ou la compréhension. Au bout d'un moment ils se quittent, mais c'est pour recommencer plus loin. « Un tel, vous ne savez pas ce qu'il a fait ? » Et alors voilà la même histoire racontée avec quelques détails supplémentaires, car les humains ont naturellement tendance à l'amplification.

Le monde entier est ainsi rempli d'amplificateurs, surtout quand il s'agit de colporter des histoires scabreuses. Ces histoires, ils les préparent en y ajoutant un peu d'une sauce tout à fait spéciale qui rend le plat de plus en plus indigeste. Mais plus ce plat est indigeste, plus il y a d'amateurs pour s'en régaler. Voilà comment les humains empoisonnent leur atmosphère. Et le plus extraordinaire, c'est que souvent c'est cela qu'ils appellent « informations ».

Un lien existe évidemment entre la pensée et l'action : celui qui a une idée souhaite la réaliser. Mais c'est entre le sentiment et l'action que le lien est le plus fort. Pourquoi, quand vous éprouvez de l'amour ou de la colère, ce sentiment se fraie-t-il immédiatement le chemin jusque dans le plan physique ? Que vous le vouliez ou non, vous faites les gestes qui lui correspondent. Aimez quelqu'un, et vous êtes instinctivement poussé à lui sourire, à le caresser, à l'embrasser. Soyez irrité contre lui, et vous devez faire des efforts pour ne pas le foudroyer du regard ou lui donner quelques coups.

Chaque sentiment se manifeste à travers des gestes déterminés. Et l'inverse est également vrai : ayez l'air d'être émerveillé et vous finirez par l'être vraiment ; faites semblant d'être dégoûté et vous le serez aussi. De même que les sentiments entraînent nécessairement certains gestes, de même les gestes entraînent des sentiments correspondants. Voilà des lois dont il faut être conscient pour en tirer parti dans la vie quotidienne.

La reconnaissance, la gratitude sont des puissances qui désintoxiquent l'organisme, neutralisent les poisons, renouvellent les matériaux. Alors, apprenez à remercier. Chaque jour, plusieurs fois par jour, répétez : « Merci, merci, merci, merci, merci... »

Pourquoi les humains sont-ils tellement ingrats ? Ingrats envers le Créateur, ingrats envers toute la nature, ingrats les uns envers les autres... Ils ne retiennent de leur existence quotidienne que ce qui leur a manqué ou déplu, alors ils ne voient pas qu'il y ait tellement de quoi remercier. Et pourtant si, il y a immensément de quoi remercier. Le disciple qui veut avancer sur le chemin de l'évolution doit apprendre la reconnaissance, car c'est grâce à elle qu'il obtiendra un jour la clé de la transformation de la matière. Tâchez de bien comprendre cela : si vous savez remercier, la nature des éléments qui entrent dans la composition de votre matière sera différente, plus sensible, plus subtile, plus résistante, et vous sentirez que vos organes psychiques et même physiques font un meilleur travail.

L'Initié travaille longtemps à faire de son corps l'habitacle de la lumière. Et alors, comme le soleil qui projette ses rayons dans l'espace, par ses vibrations, ses émanations, ses regards, ses paroles, ses gestes, il projette la lumière autour de lui. Sans même qu'il le veuille ou qu'il en soit conscient, ce rayonnement naturel, spontané, qui est celui de son être profond, embrasse toutes les créatures ; bonnes ou mauvaises, elles le reçoivent autant qu'il est en leur pouvoir.

Dans leurs tableaux, certains peintres ont représenté le Christ entouré de rayons, ce qui signifie que par sa conscience, il est présent et il agit dans toutes les régions de l'univers. Le Christ, principe cosmique, projette sa lumière partout et totalement. Il ne laisse aucune place à l'obscurité.

Dans le livre de *Jérémie* Dieu dit :*« Je mettrai ma loi au-dedans d'eux, je l'écrirai dans leur cœur... Tous me connaîtront »*. Cette loi que Dieu mettra dans le cœur des hommes est la loi d'amour. À ce moment-là, personne n'aura plus besoin qu'on vienne lui prêcher la religion ou la morale : tous sauront intérieurement ce qu'ils doivent faire, comment travailler, comment servir, comment aimer.

Tant que les humains ne sauront pas vivre dans l'amour, il y aura des religions avec leurs préceptes et leurs lois, mais elles ne suffiront pas pour les amener vers Dieu. Quand l'amour viendra, les humains n'auront plus besoin de religion, ou plutôt, dans la mesure où ils seront parvenus à l'intérioriser, la religion se manifestera à travers eux sous forme de bonté, de rayonnement, de sacrifice, de douceur et de lumière. C'est parce que l'amour a quitté l'humanité qu'on a dû instaurer la religion pour y suppléer. Mais que revienne l'amour, et la religion s'effacera, parce qu'elle sera entrée à nouveau dans le cœur de l'homme.

Pour nous guider dans notre travail spirituel et nous indiquer le chemin à suivre, nous avons besoin d'une méthode. Pour moi, la meilleure méthode qui existe est l'étude de l'Arbre séphirotique.*

Beaucoup de saints, de mystiques ont marché sur le chemin de la lumière sans connaître l'Arbre séphirotique, c'est vrai, mais le connaître donne une vue plus claire du travail à réaliser. C'est pourquoi j'insiste pour que vous appreniez à en approfondir tous les aspects. Avec *Malhouth,* vous concrétisez les choses. Avec *Iésod,* vous les purifiez. Avec *Hod,* vous les comprenez et les exprimez. Avec *Netsah,* vous leur insufflez la grâce. Avec *Tiphéreth,* vous les illuminez. Avec *Guébourah,* vous luttez pour les défendre. Avec *Hessed,* vous les soumettez à l'ordre divin. Avec *Binah,* vous leur donnez la stabilité. Avec *Hohmah,* vous les faites entrer dans l'harmonie universelle. Enfin, avec *Kéther,* vous posez sur elles le sceau de l'éternité.

* Voir tableau et note, p. 374-376.

Si je vous rencontre là, maintenant, et que je vous demande : « À quoi pensez-vous ? » êtes-vous sûr de pouvoir répondre ? Non… Eh bien, c'est ainsi que vous laissez n'importe qui et n'importe quoi pénétrer en vous : des courants obscurs, des influences nocives. Comme aux frontières où les douaniers se seraient endormis. Alors réveillez-les, sinon votre territoire va être envahi par des malfaiteurs, des produits illicites ou dangereux…

Sans la vigilance, aucune acquisition spirituelle durable n'est possible. La vigilance dans la pensée, dans le sentiment et dans la volonté représente cette frontière qui permet de tenir les indésirables à distance. C'est pourquoi la vigilance est nécessaire non seulement avant, mais pendant chaque action.

La prière est la possibilité donnée à l'homme d'avoir accès à une autre dimension, à un autre ordre des choses. Évidemment, à l'extérieur rien n'est changé pour lui : s'il fait froid, il grelotte ; et s'il est malade, il est possible qu'il le reste. C'est dans son cœur, dans son âme que la prière produit de grandes transformations.

Un homme va mourir… même s'il est seul, abandonné, dans la misère, l'élan de son âme vers Dieu le projette dans un monde de paix, de lumière, de joie. Alors que, dans les mêmes conditions, celui qui ne prie pas, qui ne sait pas prier, nourrira dans son cœur des sentiments de révolte, de haine, et ces sentiments créent de mauvaises conditions pour son existence dans l'au-delà ainsi que pour sa prochaine incarnation. Si la religion essaie de convaincre les mourants de rétablir le contact avec Dieu, de se confier à Lui, c'est que même s'ils ont été de grands pécheurs, la prière sincère qu'ils font à la dernière minute leur permet d'entrer dans un autre état de conscience qui leur ouvre la voie du salut.

Vous êtes habités par des pensées, des sentiments, des désirs… certaines personnes ou certaines choses vous attirent, tandis que d'autres vous repoussent… Vous croyez que c'est toujours vous qui vous exprimez ou agissez librement ? Non, même si vous avez quelques difficultés à l'admettre, en réalité ces pensées, ces sentiments, ces comportements sont souvent les manifestations de parents morts qui viennent momentanément élire domicile en vous. Ce sont eux qui à travers vous réagissent, réclament, protestent. La Science initiatique les appelle les esprits familiaux.

Pourquoi est-il si difficile parfois d'expliquer le comportement de certaines personnes ? Parce qu'on ne tient pas suffisamment compte du fait qu'un être humain est la somme de toutes les créatures qu'il porte en lui et dont il ignore le plus souvent qui elles sont et ce qu'elles veulent réaliser à travers lui.

Chacun de nous est une entité individuelle qui a sa vie propre. Mais nous ne sommes pas seuls, nous faisons partie d'un ensemble, et la question qui se pose à nous est de savoir comment nous pouvons concilier les exigences de la vie individuelle et celles de la vie collective.

Chaque individu est particulier, c'est l'Intelligence cosmique qui a créé cette diversité des créatures et on ne doit pas essayer de les niveler, de les uniformiser. Chacun a le droit de se manifester avec ses différences, son originalité, mais à condition de s'harmoniser avec l'ensemble, comme dans un orchestre. Pour la forme, la matière, la sonorité, que de différences entre le violon, le violoncelle, le piano, le hautbois, la flûte, la harpe, la trompette, les cymbales, la grosse caisse ! Mais de cette diversité naît une harmonie parfaite.

Combien de gens se vantent de dire la vérité alors que souvent ils feraient mieux de se taire ! Voici, par exemple, un homme qui confie à un ami les doutes que lui inspire l'attitude de sa femme : ne lui est-elle pas infidèle ? Et l'ami, qui sait ce qu'il en est, croit de son devoir de dire la vérité : il lui confirme qu'en effet sa femme le trompe. Résultat : le mari, malade de jalousie, va surprendre sa femme et son amant, les tue d'une balle de revolver, puis, désespéré, se fait sauter la cervelle. Vous trouverez que c'est une façon un peu simpliste de présenter les choses, mais pas tellement. Regardez tout le mal que font les humains sous prétexte de dire la vérité !

La vérité est une excellente chose, mais à condition que l'on consulte d'abord la sagesse pour savoir comment, quand et à qui on peut la dire. Sinon, rien n'est plus catastrophique que la vérité lorsque la sagesse n'est pas là pour doser, pour orienter, et l'amour aussi, bien sûr. Car les trois se tiennent et doivent toujours marcher ensemble : l'amour, la sagesse et la vérité.

« Je suis la lumière du monde », disait Jésus. La lumière du monde, c'est le soleil. Mais le Christ est infiniment plus que le soleil. Au-delà de la lumière visible du soleil physique, il existe une autre lumière qui est la véritable lumière du soleil, l'esprit du soleil. C'est de cette lumière que parlait Jésus et à laquelle il s'identifiait. Et de même que la lumière matérielle nous permet de voir les objets du plan physique avec nos yeux physiques, la lumière intérieure, la lumière du Christ, nous donne accès à la vision du monde divin.

Nous devons chercher à nous rapprocher de cette lumière, à apprendre ce qu'elle est, comment vivre avec elle, en elle, travailler chaque jour à en saisir d'infimes particules et les condenser en nous… Jusqu'au moment où nous serons capables de les projeter comme des rayons sur les êtres et les objets du monde invisible, qui nous apparaîtront alors dans leur réalité sublime.

Quelle compréhension les humains ont-ils de la nature et comment la ressentent-ils ? Pour eux, la terre, le soleil, les étoiles ne sont pas vraiment vivants ni à plus forte raison intelligents ; eux seuls dans l'univers possèdent l'intelligence. Mais comment se fait-il qu'une intelligence, si elle n'existait nulle part ailleurs, se soit faufilée dans leur cerveau ? Ou alors, admettons que ce soit l'être humain qui ait fabriqué son intelligence, on a envie de lui poser la question : « Mais alors, pourquoi es-tu tellement bébête et limité ? Puisque tu es l'unique source de l'intelligence, pourquoi ne t'en es-tu pas donné un peu plus, et de meilleure qualité ? »

En réalité, cette intelligence qui se manifeste partiellement dans le cerveau humain existe partout dans l'univers. Et ce sont les humains eux-mêmes qui, dans leur ignorance, sont en train de mettre des bornes à leur compréhension en mortifiant tout ce qui existe autour d'eux.

Le pouce est, parmi les doigts de la main, celui qui est plus particulièrement lié à la vitalité, à la volonté. C'est pourquoi on a souvent observé que lorsque l'homme commence à perdre l'une et l'autre, il bouge de moins en moins son pouce.

Vous n'avez peut-être pas l'habitude d'être attentif à votre pouce, et pourtant vous devriez. Pour entretenir votre volonté afin qu'elle soit toujours éveillée et agissante, habituez-vous à garder le pouce à l'extérieur. Ne serrez jamais le poing en le plaçant à l'intérieur. Quelqu'un qui tient son pouce de cette façon sera bientôt malade, ou bien ses affaires péricliteront à cause de sa volonté chancelante. Cette position du pouce, c'est le serpent qui cache sa tête parce qu'il sommeille. Au contraire, celui qui tient bien son pouce à l'extérieur, opposé aux autres doigts, montre qu'il réunit toutes les forces en un seul faisceau et s'oppose ainsi à leur dispersion.

Les poissons, les insectes et tous les animaux qui sont poursuivis s'enfuient et savent où se cacher : dans un trou sous terre, dans un creux de rocher, dans un buisson, derrière une écorce, sous une feuille… Les oiseaux, eux, s'échappent en s'envolant. Quant aux humains, selon les dangers qui les menacent, ils essaient de se réfugier dans une cave, sur un toit, dans un arbre, sur l'eau… Mais les humains ne courent pas seulement des dangers physiques ; dans le plan psychique aussi ils sont menacés, et donc là aussi ils doivent savoir se mettre à l'abri.

Lorsque nous sommes poursuivis par des entités malfaisantes du plan astral, nous devons immédiatement chercher refuge sur un autre plan. Les esprits n'ont pas accès à tous les plans, ils sont créés pour vivre et agir dans une région déterminée dont ils n'ont pas la possibilité de franchir les frontières. Les entités du plan astral ne peuvent donc pas nous poursuivre partout ; si nous sommes capables de nous élever jusqu'au plan mental, et au-delà encore jusqu'aux plans causal, bouddhique, atmique*, nous sommes sauvés. C'est cette capacité de passer d'un plan à l'autre qui donne à l'être humain le pouvoir de se libérer.

* Voir note et schéma, p. 372 et 373.

Le soir, au moment de vous endormir, abandonnez-vous entre les mains du Seigneur et dites : « Mon Dieu, je veux faire ta volonté. Dispose de moi. » Et le lendemain vérifiez si, dans vos pensées, vos sentiments et vos actes, c'est bien la volonté de Dieu et non celle de votre nature inférieure que vous êtes en train de faire. Car il ne suffit pas de tout donner à Dieu le soir en paroles, et de vous laisser aller à tous vos caprices le lendemain.

Nous sommes venus sur la terre pour participer au travail de la création. Jésus disait : *« Mon Père travaille et moi aussi je travaille. »* Ce travail avec Dieu, pour Dieu, est le dernier mot de l'Initiation. Tout ce que nous donnons à Dieu, nous le haussons au niveau où Il se trouve Lui-même. Alors, Dieu répète notre geste, Il le réfléchit comme un miroir réfléchit un rayon de lumière : nous Lui avons tout donné, Il nous donne tout.

L'honnêteté, la bonté, la générosité, la patience, la paix, l'harmonie… Voilà les valeurs qui seront les plus estimées dans l'avenir. Celui qui ne saura pas manifester ces vertus sera considéré comme inutile et même nuisible. On donnera des diplômes à ceux qui, par leur comportement, travaillent pour la fraternité entre tous les hommes, tandis que ceux qui se contentent de devenir des encyclopédies ne seront pas admis. Car pour amener le Royaume de Dieu sur la terre, c'est de caractères forts qu'on a besoin, non de bureaux de renseignements.

Les véritables diplômes sont donnés par la nature elle-même et par elle seule. Si, rien qu'en posant votre main sur l'épaule d'une personne qui est troublée, angoissée, vous parvenez à l'apaiser, c'est la preuve que vous avez reçu le diplôme ; le Ciel vous l'a donné. Car les vrais diplômes ne sont pas des papiers ; ils sont imprimés sur votre visage, sur votre corps, dans tout votre être. Si vous ne portez pas sur vous un diplôme vivant, fait d'émanations puissantes et lumineuses, vous aurez beau avoir tous les diplômes de la terre, aux yeux de la nature vous ne serez rien.

Combien de gens s'imaginent qu'ils vont réussir en se fiant uniquement aux calculs de leur intellect ! Eh bien, non, l'intellect est limité. Ce n'est pas lui qui possède la véritable compréhension des choses, et ceux qui comptent sur lui pour résoudre tous leurs problèmes s'exposent à commettre de graves erreurs. Leurs agissements, inspirés seulement par l'intérêt, l'égoïsme, la volonté de s'imposer aux autres, ne tiennent pas compte des desseins de l'Intelligence cosmique. Alors, sans le savoir, ils remuent les couches obscures de l'atmosphère psychique provoquant des puissances redoutables, et ces puissances se déchaînent ensuite contre eux.

L'Intelligence cosmique a construit l'être humain de telle sorte qu'il ne peut s'épanouir qu'en respectant les lois d'un monde supérieur d'où il reçoit la lumière et la force. Et ces lois du monde supérieur, ce n'est pas l'intellect qui lui permettra de les connaître, mais l'âme et l'esprit.

Beaucoup de gens s'imaginent que pour vouloir consacrer sa vie à aider les humains, il faut être naïf, utopiste et ne pas voir leurs défauts. Pas du tout, et je peux même vous dire qu'un sage, un Maître spirituel voit mieux que n'importe qui combien ils peuvent être faibles, égoïstes, hypocrites, infidèles, etc. Mais il ne s'arrête pas là, parce qu'il sait aussi qu'on ne peut pas aider les êtres en ayant les yeux fixés sur leurs défauts et leurs vices. Avec cette attitude, on les aggrave même.

Un Maître spirituel sait que les hommes et les femmes sont fils et filles de Dieu ; il s'arrête sur cette pensée, il aborde tous les êtres avec cette pensée. Il fait là un travail créateur, car il aide tous ceux qu'il rencontre à développer les qualités qu'ils ont aussi. Et lui-même, dans cette attitude, puise la force, la joie. Alors, et vous, pourquoi ne feriez-vous pas de même ? La meilleure façon d'agir avec les autres, c'est de chercher à découvrir leurs qualités, leurs vertus, leurs richesses, et se concentrer sur elles pour les aider à les développer.

Quelle est l'origine du pessimisme chez les humains ? Bien sûr, certains prétendront que c'est leur lucidité : comment ne pas être pessimiste quand on voit comment va le monde ? Mais pas du tout, ce sont leurs désirs et leurs ambitions démesurées qu'ils n'ont pas réussi à réaliser parce qu'ils n'en étaient pas capables. Alors, déception après déception, ils ont fini par avoir sur l'existence un regard désabusé.

On voit souvent se manifester le pessimisme chez les vieilles nations. Elles se sont construites sur de grands projets qu'elles croyaient pouvoir facilement mener à bien. Certains succès leur avaient fait croire qu'elles allaient non seulement dominer les pays voisins, mais aussi étendre leur influence sur des contrées lointaines. Et voilà l'erreur ! On veut avaler le monde entier, mais il faudrait d'abord se demander si on sera capable de le digérer ; et même si on commence par remporter quelques succès, peu à peu arrivent les difficultés, les impasses, les défaites, les pertes, les dettes à payer. Comment voir alors l'avenir sous un jour favorable ?…

Vous avez vu des gens ivres : les zigzags de leur démarche se retrouvent dans leur humeur qui passe d'un extrême à l'autre. Ils rient puis ils pleurent ; ils ont l'air béat, puis furieux ; ils s'endorment sous la table ou cassent tout… Mais en réalité, le vin n'est pas le seul à provoquer l'ivresse, il y a des pensées et des sentiments qui ressemblent au vin : la jalousie, la colère, les désirs sensuels, etc. Ceux qui sont sous l'emprise de ces vins-là s'égarent dans les brumes et les vapeurs du monde astral, leur démarche et leur jugement sont chancelants.

Mais il existe aussi une ivresse divine : l'extase. Et cette ivresse-là, au contraire, donne la vision claire, elle illumine la conscience. Il n'est pas interdit de s'enivrer, c'est Dieu qui a mis ce besoin dans l'homme. Mais il doit rechercher l'ivresse en haut, dans la beauté, dans la lumière, en buvant l'eau pure qui jaillit au sommet des montagnes spirituelles. Buvez de cette eau et vous connaîtrez un merveilleux enivrement qui vous donnera l'équilibre, la force et la clarté.

Pendant des siècles, et particulièrement au Moyen Âge, l'Église n'a cessé d'effrayer les chrétiens avec les châtiments de l'enfer. Elle prétendait agir là pour le salut de leur âme, mais en réalité cette méthode a aussi produit beaucoup de dégâts. On peut même dire que les âmes sont presque devenues des abris pour le diable, car les gens pensaient tellement à lui qu'ils en ont oublié Dieu. Tous les portraits qu'on a faits du diable ! Il a été dessiné, sculpté, peint, et dans les sermons, oralement ou par écrit, les prédicateurs se sont exagérément servis de lui. Ils l'ont utilisé de la même manière qu'on menace les enfants du gendarme, du loup ou du croquemitaine pour qu'ils se tiennent tranquilles.

Mais n'y a-t-il pas encore à notre époque des gens qui utilisent la religion de cette manière ? C'est très mauvais du point de vue pédagogique. Contrairement à ce qu'ils prétendent, ceux qui agissent ainsi n'ont pas tellement le souci du bien des âmes, ils cherchent surtout à exercer leur pouvoir sur elles. Et s'ils sont sincères, ce n'est pas tellement mieux : c'est qu'ils sont malades.

Nous devons nous mettre au service du Seigneur, c'est-à-dire au service de tout ce qui existe en nous de plus pur, de plus noble, de plus lumineux. Mais pour être un bon serviteur, il faut se préparer, apprendre, s'exercer. Regardez seulement ce qui se passe dans la vie courante : est-ce que, sous prétexte qu'il le souhaite sincèrement, le premier venu est capable de faire un bon employé, un bon secrétaire, un bon ministre ? Non, il doit avoir d'abord étudié et développé certaines facultés et qualités. Alors, à plus forte raison quand il s'agit d'entrer au service du Seigneur.

Que fera celui qui ne s'est pas préparé ? Il croira servir le Seigneur et en réalité il restera le serviteur de ses préjugés, de ses partis pris, de ses illusions. Et c'est ce que fait le fanatique : sous prétexte de servir Dieu, il se donne pour mission de combattre ceux qu'il appelle « mécréants », « infidèles », etc. En réalité il n'est que le serviteur d'entités obscures qui cherchent à réaliser à travers lui leurs projets maléfiques.

Il ne suffit pas de s'abandonner à une vague impulsion mystique pour attirer la Divinité. Lorsqu'on s'abandonne, on est passif, et il n'est pas sûr alors que ce soit la Divinité que l'on reçoive, mais plutôt des esprits ténébreux qui, voyant là un ignorant sans protection et ouvert à tous les vents, se réjouissent de trouver un endroit où s'installer.

Quoi que vous vouliez entreprendre, il faut commencer par préparer les conditions. Quand vous devez verser un liquide, du lait par exemple, dans un récipient, vous veillez à ce qu'il soit propre ; et s'il est sale, vous le lavez. Et vous-même, si vous ressemblez à un récipient sale, croyez-vous que le Saint-Esprit viendra faire en vous sa demeure ? Ce qui viendra, ce sont des entités ténébreuses, impures, parce qu'elles sont attirées par la nourriture qui est là en vous sous forme de passions, d'instincts mal maîtrisés. Bien sûr, le Saint-Esprit peut venir, mais seulement le jour où vous lui aurez préparé, à force de travail, un habitacle acceptable pour lui.

Les Séraphins sont les anges de la séphira *Kéther,* la première séphira dans l'Arbre de la Vie, l'Arbre séphirotique. Ce sont donc eux, les premiers, qui reçoivent les émanations divines. Ils sont plongés dans l'océan de la matière primordiale encore en pleine ébullition. Ils boivent à la source de la lumière, à la source de l'amour qui est leur unique nourriture, et jour et nuit ils répètent : *« Saint, Saint, Saint est le Seigneur Dieu, le Tout-Puissant. »* Ils se nourrissent en contemplant le Seigneur, c'est pourquoi on les représente avec des yeux sur tout le corps.

Les Séraphins sont la parfaite manifestation de l'amour, car l'amour véritable est une contemplation.

Sur la terre le bien a besoin du mal. Oui, pour se manifester, le bien a besoin du mal, sinon il s'endort, parce que plus rien n'est là pour le stimuler. Le mal excite le bien, stimule le bien, et alors le bien agit. C'est grâce au mal que le bien est bien. Si la laideur n'existait pas, on ne saurait pas combien la beauté est belle, et de la même façon, s'il n'y avait pas le mal, on ne saurait pas ce qu'est le bien.

Vous voulez anéantir le mal ? D'accord, mais le bien aussi sera anéanti, parce que le mal est comme les racines du bien : si vous arrachez les racines d'un arbre, il meurt. Bien sûr, cela ne veut pas dire que nous devons nourrir et renforcer le mal. Non, il est assez fort comme ça, il n'a pas besoin de notre aide. Mais il ne faut pas non plus essayer de l'éradiquer – d'ailleurs on n'y arrive pas. Ce qu'il faut, c'est connaître quelle attitude adopter vis-à-vis de lui afin de l'utiliser pour le bien.

Si vous laissez votre pensée se disperser jour et nuit dans toutes sortes de futilités, ne vous étonnez pas si, au moment de méditer, de vous lier à la lumière, vous vous heurtez à de grandes difficultés… Combien se plaignent : « Ah, que c'est difficile de se concentrer sur un sujet spirituel ! Je suis constamment envahi par des pensées et des sentiments hétéroclites qui m'entraînent ailleurs. » Et il y a même des cas dramatiques. Dans ce face-à-face avec soi-même qu'est la méditation, certaines personnes sont tellement bouleversées et prises au dépourvu par la nature des impressions et des courants qui les traversent, qu'elles s'imaginent qu'ils leur sont envoyés par d'autres, mal intentionnés, qui veulent leur nuire. Mais attribuer les troubles que l'on ressent à une cause extérieure ne résout rien.

Par la vie qu'ils mènent, les êtres créent, multiplient et amplifient en eux des pensées et des sentiments chaotiques. Dans le cours normal de l'existence, ils ne s'en rendent peut-être pas compte ; c'est au moment où, dans le silence, ils veulent enfin faire une pause pour se lier à la lumière, qu'ils se sentent envahis par toutes sortes de présences indésirables. Mais qu'ils ne se leurrent pas : c'est eux qui les ont attirées. Commencez donc par chercher en vous-même la cause de vos difficultés, et travaillez à maîtriser votre pensée : un jour vous finirez par triompher.

Quand on voit comment certains comprennent l'amour, comment ils le manifestent, quelles méthodes ils utilisent pour l'obtenir, on se rend compte qu'ils sont déjà en train de barboter inconsciemment dans la magie noire.

Entreprendre de séduire quelqu'un, c'est vouloir s'imposer à lui, exercer une violence sur lui, et on n'en a pas le droit, c'est interdit par le Ciel. Mais quand l'amour s'empare de certaines personnes, elles ne s'intéressent pas de savoir si celui ou celle qu'elles aiment les aime aussi, elles veulent être aimées à tout prix et, à ce moment-là, elles sont capables de tout, même de se livrer à des pratiques d'envoûtement. Mais là, je vous préviens, ne faites jamais cela, car vous entrez en relation avec des forces diaboliques, qui, après vous avoir servi, se retourneront un jour ou l'autre contre vous.

Voici quelqu'un qui a tout fait pour perdre le contrôle de lui-même, il a laissé le champ libre à des entités inférieures qui ne cherchent que la désagrégation des humains. Maintenant, il souffre, il se plaint, et il trouve toutes sortes de personnes à accuser d'être responsables de son état. Non, il ne doit accuser personne d'autre que lui et se dire : « Je n'ai pas travaillé comme il faut, je n'ai pas bien étudié », et se prendre en main pour rétablir la situation. Bien sûr, ce sera long. Celui qui a passé des années à entretenir des pensées et des sentiments désordonnés ne pourra pas tout redresser en quelques jours. Il devra travailler pendant très longtemps aussi avant d'obtenir des résultats.

Les humains sont tellement naïfs ! Pendant des années ils ont vécu déraisonnablement, et quand ils décident de prendre une autre orientation, ils s'imaginent qu'il leur suffira de quelques jours pour tout changer. Quoi qu'ils s'imaginent, malheureusement, c'est impossible. De même qu'il leur a fallu beaucoup de temps pour se détruire, il leur faudra aussi beaucoup de temps pour se rétablir complètement. Mais dès l'instant où on se décide à faire des efforts, déjà on commence à sentir une amélioration.

Vous aspirez à rencontrer l'infiniment grand, à vous lier à lui ? Commencez par toucher l'infiniment petit. Cela signifie que, pour atteindre Dieu, vous devez commencer par vous concentrer sur les cellules de votre corps. Si vous pensez chaque jour à vos cellules, comment les purifier, les fortifier, les illuminer, peu à peu vous sentirez que vous commencez à toucher la Divinité qui est Elle-même pureté, force, lumière.

Un jour, après avoir essayé de méditer, sans succès, sur la grandeur infinie de Dieu, un disciple alla interroger son Maître. Et le Maître répondit : « Dieu est grand parce qu'Il s'occupe des plus petites choses. » Cela signifie aussi que tous ceux qui ne veulent pas s'occuper des êtres les plus humbles dans la vie, les pauvres, les malheureux, les ignorants, ne seront jamais grands. Lorsque Jésus visitait les pauvres, les malades, les prostituées, ou prenait les enfants dans ses bras, il montrait qu'il connaissait cette loi. Tous ceux qui ne veulent fréquenter que les riches, les savants, les puissants, et refusent de rencontrer les humbles, ne connaîtront jamais la grandeur de Dieu.

Certains magiciens ou sorciers ont la réputation d'arriver à ressusciter les morts. En réalité, ce ne sont pas de véritables résurrections : par certaines méthodes qu'ils connaissent, ces sorciers arrivent à évoquer des entités terrestres ou souterraines qu'ils introduisent dans le cadavre pour l'animer. Ce n'est pas l'esprit du mort qui revient, mais d'autres entités que, par des conjurations, ils réussissent à faire entrer dans ce corps et à les y maintenir quelque temps.

Tous ceux que l'on prétend avoir été ressuscités n'étaient en réalité pas morts, même si on a pu croire qu'ils l'étaient parce que leur cœur ne battait plus. La véritable mort ne se produit pas quand le cœur cesse de battre, mais quand il a perdu sa chaleur. Ne plus respirer n'est pas encore la mort. Tant que le cœur garde sa chaleur, l'homme peut être ramené à la vie par des frictions ou d'autres soins, ou même par les moyens de la magie divine. Mais quand la chaleur quitte le cœur et que la corde d'argent qui relie le corps physique au corps éthérique et au corps astral est coupée, on ne peut plus rien faire pour le ramener à la vie.

20 Juin

Chacun sait combien il est important d'être attentif, mais l'attention a plusieurs aspects. L'aspect le plus connu est évidemment cette application soutenue qui est nécessaire pour que nous puissions faire correctement notre travail, comprendre ce qu'on nous dit, lire un livre, etc. Mais il existe aussi une autre forme d'attention qui s'appelle observation de soi, introspection. Elle consiste à prendre conscience à chaque moment de la journée de ce qui se passe en nous, à discerner les courants, les désirs, les pensées qui nous traversent, les influences, les tiraillements que nous ressentons. C'est cette attention-là qui n'est pas suffisamment développée.

Il est dit dans les Écritures : « *Soyez vigilant, parce que le diable, comme un lion qui rugit, est prêt à vous dévorer.* » Évidemment, vous ne verrez ni lion ni diable dans le plan physique, c'est dans le domaine intérieur que l'on est menacé. C'est là qu'il y a des désirs, des projets, des passions, des convoitises qui vous épient et cherchent à vous engloutir. Et si vous n'êtes pas attentif, vous serez dévoré.

Demandez à quelqu'un ce que représente pour lui la lumière du soleil : il vous répondra qu'elle lui permet de voir, et les êtres, les objets lui paraîtront toujours plus importants que cette lumière qui les rend visibles.

Pour la Science initiatique, la lumière est un esprit vivant, conscient, agissant. Vous direz que le rayonnement solaire n'est pas un esprit, mais un phénomène matériel que les physiciens ont très bien étudié. Oui, mais cette lumière du soleil n'est que la manifestation dans le plan physique de l'Esprit cosmique par qui l'univers a été créé. L'univers est une création de la lumière. La lumière est un esprit, c'est l'Esprit de Dieu Lui-même. Elle a créé et elle entretient la vie, la vie physique comme la vie spirituelle. Plus les humains reçoivent et absorbent la lumière, plus leur âme et leur esprit se manifestent comme intelligence, amour, puissance. C'est pourquoi on emploie le mot lumière en lui donnant une dimension spirituelle. Quand on dit de quelqu'un qu'il a la lumière, c'est que l'esprit se manifeste en lui.

Méfiez-vous de ces livres qui prétendent vous donner les moyens d'acquérir des pouvoirs magiques grâce au développement des chakras. Cela commence, vous expliquent-ils, par des exercices de concentration et de respiration prolongés afin d'éveiller la force Kundalini. Je ne dirai pas que ces exercices ne donnent pas de résultats, mais quels résultats !...

Si vous cherchez à développer vos chakras sans avoir fait des études et un long travail préalables, vous vous exposez à tous les dangers. C'est exactement comme de confier des allumettes à un enfant. Que va-t-il en faire ? Il allumera un incendie. Eh bien, il faut savoir que la force Kundalini que l'on doit mettre en activité pour éveiller les chakras, est un véritable feu, et celui qui ne s'est pas d'abord exercé pour acquérir la pureté et la maîtrise, risque de voir ce feu de Kundalini se déchaîner et tout dévaster en lui. Tandis que celui qui commence par travailler sur la pureté et la maîtrise, travaille aussi indirectement sur ses chakras qui s'éveillent et se mettent à fonctionner sans danger pour lui.

La majorité des gens vivent avec la conviction qu'avant de vivre la vie spirituelle, ils doivent régler les questions matérielles. Ils se disent : « Il faut d'abord que j'aie un métier, puis je me marierai, j'aurai des enfants à élever, tout cela m'occupera pendant plusieurs années. Mais ensuite je serai libre pour la vie spirituelle. » Ils ne se rendent pas compte que cette façon de penser est un piège adroitement tendu par leur nature inférieure qui veut les tenir le plus possible éloignés de la seule chose qui peut véritablement les aider.

Si vous attendez d'avoir arrangé toutes vos affaires pour vivre la vie spirituelle, vous ne ferez rien. Car les affaires matérielles ne s'arrangent jamais ; il se produit sans cesse des imprévus auxquels on doit remédier. Il faut donc entrer dans la vie spirituelle quel que soit l'état de ses affaires matérielles. Pourquoi ? Parce qu'en donnant la première place à la vie spirituelle, on travaille sur le monde des causes, donc on prépare les meilleures conditions pour que le côté matériel, lui aussi, se trouve peu à peu favorablement influencé.

Notre corps physique a un estomac qui digère la nourriture physique. De la même façon, nos corps astral et mental ont aussi un estomac : l'estomac astral a pour fonction de digérer les sentiments, et l'estomac mental de digérer les pensées. Nous devons veiller à la santé de ces estomacs psychiques comme nous veillons à la santé de notre estomac physique.

Celui qui avale n'importe quelles pensées et n'importe quels sentiments ou qui fait des excès, souffre d'indigestion, et il se produit aussi en lui une accumulation de déchets qu'il est ensuite obligé d'éliminer comme on est obligé d'éliminer les déchets de la nourriture physique. Celui qui abuse des pensées et des sentiments grossiers salit tout sur son passage par ses émanations nauséabondes. Il y a donc des règles à observer pour la nourriture psychique comme il y en a pour la nourriture physique, et c'est à chacun de les trouver en lui-même.

Tout ce qui existe dans l'univers est traversé par les courants de la vie cosmique ; chaque être, chaque objet en garde les traces, et ces traces peuvent être retrouvées. De la même façon, les pensées, les sentiments, les actes des humains, leurs aspirations, leurs élans, leurs projets, leurs prières s'échappent d'eux pour partir dans toutes les directions ; rien ne disparaît.

Et non seulement tout se propage, mais tout s'enregistre et, à un moment ou à un autre, peut être retrouvé. La vie qui circule à travers l'espace peut être captée dans n'importe quel endroit de l'univers. Si nous n'y arrivons pas, c'est que nous ne possédons pas les appareils physiques ou psychiques appropriés ; mais la réalité est là : les ondes produites par nos pensées, nos sentiments et nos actes se propagent et nous devons en tenir compte pour faire en sorte que nos pensées, nos sentiments et nos actes ne produisent que des ondes bénéfiques.

Un Enseignement spirituel ne peut aider que les êtres qui ont déjà fait tout un travail intérieur de préparation. Pour les autres, c'est exactement comme si vous expliquiez à un chat qu'il ne doit plus manger de souris ; il vous écoute, il fait : « Miaou ! » c'est-à-dire : d'accord, promis, j'ai compris. Mais, soudain, on entend un petit bruit là-bas : c'est une souris qui passe ; et voilà le chat qui vous plaque pour se jeter sur la souris. Pourtant, il vous avait écouté attentivement, il vous avait même fait une promesse. Maintenant il revient en se léchant les babines et il fait encore : « Miaou ! » c'est-à-dire (traduction littérale) c'est plus fort que moi, j'ai besoin de manger des souris, je ne peux pas changer ma nature de chat du jour au lendemain.

Donc, tant que l'homme est un chat… ou un autre animal, vous aurez beau le prêcher, cela ne servira pas à grand-chose. Tandis que ceux qui sont prêts, à peine quelques mots, aussitôt ils comprennent et travaillent pour le bien. Alors, avant de vouloir convaincre tout le monde autour de vous des vérités de la Science initiatique, étudiez d'abord à qui vous avez affaire.

Dans l'univers qu'Il a créé, Dieu est partout. Et cependant Il est distinct de l'univers. Pour éclairer cette idée on peut prendre une image, celle de l'escargot. L'escargot possède un corps tendre, mou, alors que sa coquille est dure. Au premier abord on ne voit rien de commun entre l'escargot et sa coquille. Pourtant, c'est lui qui l'a sécrétée, et peu à peu cette coquille s'agrandit parce que le corps éthérique de l'escargot, qui pénètre les minuscules interstices, écarte les particules de matière…

L'escargot est distinct de sa coquille, mais c'est lui qui l'a sécrétée et qui l'élargit. Et de la même façon, Dieu n'est pas l'univers, mais Il l'a créé comme une émanation fluidique de Lui-même, qui s'est ensuite condensée pour former les mondes, les constellations, les galaxies… Pour faire évoluer l'univers, Dieu continue inlassablement à l'imprégner de sa vie. Cet univers, qui est vivant, se transforme donc grâce à la vie du Seigneur, mais le Seigneur est une entité distincte. Il est partout dans l'univers, mais Il ne se confond pas avec lui.

Tellement de choses qui pouvaient servir à leur salut ou à celui des autres, comment se fait-il que les humains les aient, en définitive, utilisées pour leur perte ? Il n'y a qu'une réponse : manque de lumière, cupidité, besoin de s'imposer. Combien de chercheurs ont regretté d'avoir révélé certaines de leurs découvertes, parce qu'elles sont immédiatement tombées entre les mains de gens qui s'en sont servi pour nuire d'une façon ou d'une autre à leurs semblables, les dominer, les exploiter, les détruire.

Les Initiés, les Maîtres spirituels aussi ont toujours été obligés de se préoccuper de cette question, car ils avaient constaté que les vérités qu'ils révélaient aux humains pour les aider pouvaient être mal comprises, mal utilisées et causer leur ruine. C'est pourquoi dans le précepte qu'ils ont donné : « Savoir, vouloir, oser, se taire », il ne faut surtout pas négliger « se taire ». Quand les humains seront plus évolués, on pourra leur faire toutes les révélations, mais d'ici là, il vaut mieux souvent se taire et suivre le conseil de Jésus de *« ne pas jeter de perles aux pourceaux »*.

Comme tout le monde, vous vous plaignez d'être fatigué, épuisé. Et pourtant, savez-vous vraiment ce qu'est la fatigue ? La fatigue, c'est quelque chose qui s'accroche à vous comme certaines personnes collantes qui ne veulent plus vous lâcher et qui réclament toujours qu'on les aime, qu'on reste avec elles. Eh oui, parce qu'on accepte la fatigue et qu'on s'occupe d'elle, on la renforce et elle revient toujours.

C'est donc maintenant le moment d'avoir une autre attitude et vous verrez ce qui se passera. Le printemps et l'été sont des périodes où il est bénéfique pour vous d'assister au lever du soleil. Souvent vous pensez : « Mon Dieu, que c'est pénible de sortir aussi tôt du lit, je suis tellement fatigué ! » Eh bien, vous serez toujours fatigué. Mais dites-vous : « C'est vrai, je n'ai pas envie de me lever, mais je veux que ça change, je me lèverai quand même. » Alors vous vous levez, vous vous passez de l'eau sur le visage, vous sortez à l'air pur, et soudain vous sentez que la fatigue a disparu. Contrairement à ce qu'on s'imagine, pour se débarrasser de la fatigue, il ne faut pas rester inactif, il faut faire un mouvement, un geste. Si vous ne luttez pas contre elle, la fatigue ne vous quittera jamais.

30 Juin

Quels sont les croyants qui ne rêvent pas du Paradis ? Mais en même temps, ils s'en interdisent l'entrée, car ils continuent à accumuler des impuretés en eux. Seul celui qui travaille à rétablir sa pureté originelle entendra un jour Dieu Lui-même lui dire : « Viens, entre et regarde ». Et que verra-t-il ?… Des corps de lumière. Dans le Paradis tous sont nus, revêtus de lumière. Le seul vêtement des anges est la lumière, car la lumière est la matière même de leur corps.

Les mystères antiques présentaient la déesse Isis revêtue d'un voile que seuls les grands prêtres, les hiérophantes, étaient autorisés à ôter. Cela signifie que celui qui veut contempler la Divinité doit être lui-même nu, c'est-à-dire pur, sinon elle restera toujours voilée pour lui et il ne parviendra pas à découvrir ses secrets. Au fur et à mesure qu'un être se purifie, Isis se dévoile devant lui ; alors il voit, il comprend, et tout ce qu'il vit n'est plus que lumière et joie. C'est cela véritablement le Paradis.

La vie telle que chacun la voit est en grande partie le reflet de ce qu'il est lui-même. S'il pense qu'elle est belle, c'est qu'il porte la beauté en lui ; et s'il pense qu'elle n'a aucun sens, c'est qu'il est ignorant et borné.

Suivant les personnes, la vie prend des expressions tellement différentes ! Mais la vérité, c'est que pour la majorité d'entre elles, elle reste une inconnue. Combien de fois on entend dire : « Eh oui, mon vieux, qu'est-ce que tu veux, c'est la vie ! » Un homme est malade, malheureux, ruiné, trompé par sa femme, et il dit : « C'est la vie ! » Pour tout ce qui est négatif, on dit : « C'est la vie ». Mais de quelle vie parle-t-on ? Il y a des vies et des vies. Il y a la vie du crapaud, du sanglier, du crocodile, ou alors la vie de la colombe, la vie de l'ange, la vie de Dieu… Celui qui se prononce sur la vie ne peut le faire qu'à son niveau. La vie dans toute son ampleur, sa grandeur, son immensité, qui peut prétendre la connaître ?

2 Juillet

Celui qui veut avancer sur le chemin de l'évolution doit donner la première place à l'esprit, à la lumière. Pour cela, il faut au moins qu'il en ressente le besoin. Mais malheureusement, on ne peut pas fabriquer ce besoin, on naît avec lui ou non, cela dépend de l'existence qu'on a menée dans les autres incarnations. Si un être vient au monde avec le goût de la spiritualité, alors très peu de choses, un livre seulement, quelques paroles, vont lui donner un élan que rien ne pourra arrêter. Tandis qu'un autre, même si les plus grands Initiés sont là pour lui donner des explications et des conseils, cela ne servira à rien ; tant qu'il est habité par des tendances qui l'entraînent dans une tout autre direction, c'est là qu'il ira.

Pour pouvoir venir dans la prochaine incarnation avec ce besoin de vivre la vie de l'esprit, dès aujourd'hui faites au moins l'effort d'en comprendre les bienfaits. Même si vous n'en avez pas tellement le goût, commencez à préparer le terrain. Quand vous reviendrez, votre travail sera facilité parce que vous aurez déjà semé quelques graines.

Quand vous vous préparez à prier, à méditer, à contempler le lever du soleil, dites-vous : « Je suis avec la pureté, je suis avec la lumière, je suis avec mon bien-aimé, le Seigneur, je suis avec ma bien-aimée, la Mère divine, rien d'autre ne doit compter que ce moment où je peux communier avec eux. » Laissez vos sacs, vos fardeaux, présentez-vous léger, dégagé devant la Divinité et les splendeurs de la nature. C'est ainsi que vous trouverez la solution à beaucoup de vos problèmes intérieurs, à des situations que vous croyiez jusqu'à maintenant inextricables.

Pour voir, pour comprendre, pour sentir, il faut être là, présent. Prenez exemple sur les hommes et les femmes qui vivent un grand amour : quand ils sont ensemble, ils sont capables de tout oublier. Ils plongent leurs yeux dans les yeux de l'autre, et quand ils veulent décrire ce qu'ils ont vu, ils ne parlent que de lumière et d'immensité.

Combien de personnes croient avoir une vocation artistique ! De plus en plus on voit apparaître des poètes, des peintres, des sculpteurs, des chanteurs, des musiciens, des danseurs, etc. Mais est-ce qu'ils ont un haut idéal ? Est-ce qu'ils ont travaillé sur eux-mêmes ? Non ?... Alors, ils ne donneront rien d'extraordinaire. Le sculpteur qui n'a pas commencé par se sculpter lui-même n'est pas un véritable sculpteur. Le peintre qui n'a pas travaillé sur les couleurs de son aura n'est pas un peintre. Le musicien qui n'a jamais pensé à accorder son intellect, son cœur et sa volonté, ne connaît pas encore l'harmonie.

L'art véritable, c'est d'être d'abord artiste dans ses pensées, ses sentiments, ses gestes, ses paroles, ses regards... Chaque jour il y a des expositions, des concerts, des ballets présentés devant les anges. Sans arrêt ils nous regardent, ils nous écoutent... Alors, pourquoi tant de gens s'obstinent-ils à vouloir attirer des spectateurs, des auditeurs, des lecteurs ? S'ils n'y réussissent pas, ils souffrent, ils se minent, alors que tous les jours ils ont là un public angélique qui attend de pouvoir admirer leurs œuvres.

Vous avez vu des serpents se mouvoir. On dit qu'ils rampent, mais la forme de leur mouvement s'apparente à une sinusoïde. Or, la sinusoïde est aussi le mouvement de la lumière. C'est pourquoi, quand les Initiés veulent expliquer ce qu'est l'agent magique, ce médium universel qu'ils appellent la lumière astrale et grâce auquel les ondes se propagent à travers l'espace, ils se servent de l'image du serpent. Cet agent par lui-même est neutre, il possède seulement une fonction de transmission, et il transmet le bien comme le mal. Le serpent astral a donc une double nature, lumineuse et ténébreuse. C'est cette double nature qui est représentée dans le symbole initiatique du caducée : un bâton entouré de deux serpents entrelacés. Les deux serpents sont les deux courants positif et négatif de la lumière astrale. Le premier est lumineux et chaud, le second obscur et froid ; l'un est blanc, l'autre est noir.

Le serpent est une entité unique mais qui, du point de vue symbolique, possède deux aspects. Nous devons vaincre son mauvais aspect, et une fois qu'on l'a vaincu, il se met à notre service, il nous donne ses énergies. Oui, mais tout d'abord, nous devons le dominer.

Les humains viennent au monde avec des tendances instinctives héritées de leurs parents, grands-parents, arrière-grands-parents, et quelle peine il faut se donner pour les pousser à s'en libérer ! Ils se cramponnent si fort à cet héritage que, même si le Seigneur en personne venait s'adresser à eux, au lieu de dire : « Oui, Seigneur, je T'écoute, je vais faire des efforts pour changer », ils riposteraient : « Ah non, Seigneur, moi, j'ai mes points de vue, mes opinions et je suis très bien comme ça, laisse-moi tranquille. » Ils ne savent pas que ces opinions auxquelles ils s'accrochent si fort, sont en réalité déterminées par leurs faiblesses, leurs besoins inférieurs, leurs passions.

Il ne faut pas se leurrer : souvent ce sont les vices des humains qui déterminent leur philosophie. Même s'ils justifient leur point de vue par des raisonnements apparemment objectifs, en réalité, ce sont leurs besoins les moins nobles qui les poussent à adopter une certaine conception de la vie. Qu'ils aient des aspirations plus élevées et leurs points de vue seront meilleurs.

Efforcez-vous de ne pas passer une seule journée sans vous concentrer sur le Principe divin afin de l'attirer à vous ; et ne relâchez pas votre effort jusqu'à ce que vous sentiez qu'il fait de vous sa demeure. En réalité, le Principe divin est déjà en vous, il fait partie de l'essence de votre être, mais des murs et des murs vous séparent de Lui, des couches d'impuretés que vous avez vous-même formées par vos pensées et vos sentiments égocentriques, désordonnés. Toutes ces couches d'impuretés sont autant d'obstacles qui empêchent l'amour de Dieu et ses bénédictions d'arriver jusqu'à votre conscience, et qui empêchent votre conscience de s'élever jusqu'à Lui.

Jésus dit dans les Évangiles : *« Celui qui accomplit mes commandements, mon Père et moi viendrons établir en lui notre demeure. »* C'est seulement quand vous vous déciderez à vous soumettre aux règles du Principe divin, à agir selon sa volonté, que vous le sentirez vivre et se manifester en vous.

Pour être gai il faut être libre, et pour être libre il faut cesser d'accumuler des fardeaux sur ses épaules. À la gaieté s'associe l'idée de légèreté. Et qu'est-ce qui nous rend léger ? L'amour. L'amour réchauffe et dilate notre cœur et alors, comme un ballon qui s'élève dans l'atmosphère, nous devenons légers, c'est-à-dire gais, joyeux. La gaieté est une des expressions les plus poétiques de l'amour. Lorsque vous aimez quelqu'un, il suffit que vous entendiez prononcer son nom ou que vous l'aperceviez de loin pour que cela vous rende gai et que votre âme commence à chanter.

Vous direz que si cette personne que vous aimez ne vous aime pas, l'apercevoir de loin ou entendre son nom ne peut que vous faire souffrir. C'est vrai, mais alors c'est que l'amour que vous ressentez pour elle n'est pas encore le véritable amour. Le véritable amour se suffit à lui-même, il n'attend rien. Et comme il n'attend rien, il vous donne tout.

Spontanément, les jeunes enfants ont l'intuition que le monde qui les entoure est vivant : les pierres, les plantes, les animaux leur parlent, et ils leur parlent aussi. Mais quand ils racontent aux adultes ce qu'ils voient ou entendent, ils sentent bien que ceux-ci ne les prennent pas au sérieux : ils sourient, se moquent d'eux. Et même s'ils ne se moquent pas tellement, leur attitude matérialiste finit par déteindre sur les enfants, et à partir de ce moment-là, on peut dire qu'ils ont vraiment perdu l'essentiel pour tout le reste de leur existence. Oui, l'essentiel. Car c'est une très grande erreur de s'imaginer que les humains sont les seuls êtres réellement vivants et intelligents dans un univers privé d'âme et de langage.

Toute la nature est vivante et intelligente, elle est peuplée d'innombrables créatures vivantes et intelligentes, certaines même bien plus intelligentes que les humains. Et du jour où ils se mettent à nier cette intelligence et cette vie, c'est en eux-mêmes que l'aveuglement et la mort commencent à s'installer.

Vous entreprenez la construction d'une maison : quelques semaines ou quelques mois après, cette maison est là, bien visible. Mais si vous décidez de créer quelque chose dans le domaine spirituel, personne ne voit rien, pas même vous. Alors, devant cette absence apparente de résultat vous êtes assailli par le doute, et par moments vous êtes tenté de tout abandonner pour vous jeter comme tout le monde sur une activité dont le résultat est bien visible et tangible. Faites comme vous voulez, mais un jour, même au milieu des plus grands succès, vous sentirez intérieurement qu'il vous manque quelque chose. Pourquoi ? Parce que malgré vos multiples activités vous n'avez pas touché l'essentiel, vous n'avez pas encore planté quelque chose dans le monde de la lumière, de la sagesse, de l'amour, de la puissance, de l'éternité.

Un jour, vous comprendrez que seules vos créations intérieures sont vraiment réelles, car elles sont les seules à avoir des racines en vous. Lorsque vous partirez dans l'autre monde, vous aurez dans votre âme, dans votre cœur, dans votre esprit des pierres précieuses – des qualités et des vertus – à emporter avec vous, et votre nom sera inscrit dans le Livre de la vie éternelle.

Nous associons spontanément le bien à Dieu. Non, le bien, comme le mal, n'est qu'un serviteur de Dieu. Dieu n'est pas le bien, Il est infiniment plus que le bien. Alors, cessez de vous demander pourquoi Il permet que le mal existe. Dieu permet tout, et Il permet tout parce qu'Il utilise tout.

Et vous aussi, vous devez comprendre comment utiliser le mal dans vos travaux, exactement comme le chimiste qui ne rejette rien parce qu'il sait utiliser tous les produits contenus dans son laboratoire, même les poisons ; car il faut de tout dans un laboratoire. Le chimiste doit donc être un modèle pour nous. Puisque dans notre laboratoire intérieur nous possédons le pur et l'impur, le lumineux et l'obscur, ce qui nous tire vers le haut et ce qui nous tire vers le bas, il faut que nous apprenions à tout utiliser pour réaliser les desseins de Dieu. Remerciez le Ciel de vous avoir créé tel que vous êtes, et travaillez !

L'univers est un tout vivant, intelligent, organisé, et surtout hiérarchisé. Oui, hiérarchisé, depuis les régions les plus denses, les plus obscures, jusqu'au monde divin qui est pure lumière. Et si les humains rencontrent tant de difficultés, s'ils s'exposent à tant de souffrances, c'est qu'ils n'ont pas trouvé l'attitude à avoir vis-à-vis de cette hiérarchie cosmique dont Dieu est le sommet.

Mais qu'est-ce qu'une attitude ? Une synthèse de ce que nous sommes. Elle révèle l'état de notre corps physique, mais aussi de nos corps psychiques et spirituels, ainsi que la qualité des énergies qui circulent et travaillent en eux. Cette attitude nous façonne, nous modèle ; elle nous lie aux différentes régions de l'espace, et si elle est faite de respect, d'amour, et surtout de reconnaissance, elle attire à nous les courants et les esprits du monde de la lumière.

Comme la nutrition, la respiration nous met en contact avec la vie universelle. Mais pour que cette relation soit complète, riche, nous devons en être conscients et l'accompagner d'un travail de la pensée.

Voici un exercice : en expirant l'air, pensez que vous arrivez à vous étendre jusqu'à toucher les confins de l'univers... Puis, en inspirant, sentez que vous revenez vers vous, vers votre ego qui est comme un point imperceptible, le centre d'un cercle infini. De nouveau, vous vous dilatez, de nouveau vous revenez vers le centre... Vous découvrirez ainsi ce mouvement de flux et de reflux qui est la clé de tous les rythmes de l'univers. En vous efforçant de rendre conscient en vous ce mouvement de flux et de reflux, vous entrez dans l'harmonie cosmique, et il se fait un échange entre l'univers et vous : en inspirant vous recevez des éléments de l'espace, et en expirant vous projetez en retour quelque chose de votre cœur et de votre âme. Celui qui sait s'harmoniser avec la respiration cosmique entre dans la conscience divine.

Ne pas se contenter de ce qu'ils possèdent est, pour les humains, un grand facteur d'évolution, car pour faire sans cesse des acquisitions nouvelles, ils doivent mettre en œuvre différentes facultés : la curiosité, l'intelligence, la ténacité, le goût du travail... Il faut le reconnaître, c'est l'exercice de ces facultés qui est à l'origine des plus grands progrès.

Mais ces facultés, il ne suffit pas de les concentrer sur des acquisitions matérielles, car cela ne nous aide pas vraiment à résoudre les problèmes psychiques, moraux que nous rencontrons dans la vie quotidienne. En nous comme à l'extérieur de nous, nous sommes continuellement exposés aux attaques de forces hostiles. Alors, comment ne pas être désagrégé ? En nous réfugiant intérieurement dans un monde où ces forces n'ont plus prise sur nous. Aucun lieu, aucune situation, aucune gloire dans le monde ne peut nous protéger tant qu'une partie de nous reste attachée trop bas, dans la matière. C'est donc au monde spirituel aussi que nous devons appliquer notre curiosité, notre intelligence, notre ténacité et notre goût du travail.

15 Juillet

Si vous arrivez à ne plus dépendre de la présence physique de ceux que vous aimez, vous conserverez pour toujours votre amour et votre joie. Vous ne serez plus soumis aux circonstances, parce que vous vivrez dans le seul monde véritablement réel : votre monde intérieur avec lequel vous ne faites qu'un. Dès que vous sortez de votre monde intérieur, vous sentez que les êtres et les choses vous échappent, vous êtes à la merci des événements.

Savez-vous combien de temps l'être que vous aimez restera près de vous ? Non, peut-être qu'un jour il s'en ira. Alors, efforcez-vous de placer votre conscience dans les régions élevées où les circonstances n'ont aucun pouvoir sur vous, là où le soleil de l'amour ne se couche jamais. Élancez-vous dans la lumière de cet éternel soleil. Aussi longtemps que ceux que vous aimez sont au-dedans de vous, aucune force au monde ne pourra vous les enlever.

« J'ai toujours des maux de tête, me dit quelqu'un, qu'est-ce que je peux faire ? » Et je lui réponds : « C'est simple, changez de tête, mettez-en une autre à la place. » Il me regarde stupéfait et se demande si je me moque de lui. Non, je parle sérieusement : il faut qu'il change de tête, c'est-à-dire qu'il modifie ses idées et ses pensées, et sa tête ira mieux. Un autre vient se plaindre qu'il ne sait plus où il en est : celui-là est en train de perdre sa tête. Il a évidemment toujours sa tête physique sur ses épaules, mais c'est sa tête spirituelle qu'il a égarée quelque part, ce principe qui pense, qui raisonne, qui équilibre tout en lui. Et à lui je conseille de partir à la recherche de cette tête.

Celui qui a mal à la tête comme celui qui a perdu la tête, ne doivent pas accepter cette situation sans réagir. Et pour les deux il n'y a qu'une solution : apprendre à mieux penser.

Le Seigneur ne veut qu'une chose pour ses créatures : qu'elles bénéficient le plus possible des richesses qu'Il leur a données. Et elles ne bénéficieront vraiment de ces richesses que si elles apprennent à les Lui consacrer. Tout ce qui est consacré à Dieu est protégé par des esprits lumineux du monde invisible. Une faculté, un talent que vous consacrez à Dieu s'accroît, s'amplifie ; tandis que s'il ne Lui est pas consacré, vous le perdez. Même si, concrètement, vous le possédez encore, c'est comme si vous étiez déjà en train de le perdre, car intérieurement vous n'en bénéficiez pas autant que vous le pourriez.

Comprenez bien cela : on peut posséder de grandes richesses mais, en même temps, en être privé, parce qu'on ne les a pas consacrées pour vraiment assurer leur protection. Chaque jour, vous pensez à protéger, dans votre maison ou ailleurs, des quantités d'objets sans importance ; alors pourquoi oubliez-vous de protéger vos facultés et vos talents ? Consacrez-les au Seigneur et ils seront à l'abri.

Vous n'avez pas une idée juste de ce qui est le plus important pour vous. Combien de fois vous perdez votre paix ! Oui, la paix de votre âme, vous la donnez bien souvent pour rien, et quand vous voulez vous présenter devant le Seigneur, vous n'avez pas le visage intérieur qui convient. Parfois, vous prêtez aussi votre cœur et votre intellect à des activités louches : quel bien en retirez-vous ?… Or, dans la nature, il existe une hiérarchie des valeurs et vous devez distinguer désormais ce qui est essentiel de ce qui est sans importance. C'est ainsi que vous entrerez en possession de vos véritables richesses.

Jésus, dans les *Évangiles,* a montré qu'il possédait ce savoir. Après avoir jeûné quarante jours dans le désert, il fut tenté par le diable. *« Tu as faim, lui dit Satan, pourquoi ne transformes-tu pas ces pierres en pains ?... Jette-toi du haut du Temple, Dieu enverra des anges pour te protéger... Regarde tous ces royaumes : si tu te prosternes devant moi, je te les donnerai... »* Mais Jésus a repoussé les propositions du diable, il lui a prouvé que les avantages matériels ne présentaient aucun intérêt pour lui en comparaison des biens spirituels.

Avec le temps, les religions ont tendance à se matérialiser : elles donnent de plus en plus d'importance à la forme, et l'esprit qui les animait finit par se perdre. Bien sûr, les humains ne sont pas préparés pour vivre seulement dans l'esprit, dans les principes, ils ont besoin de formes matérielles sur lesquelles s'appuyer. Mais Dieu n'a pas donné l'éternité à la forme. Après quelque temps, toute forme vieillit et doit être remplacée.

Dans quelque domaine que ce soit, les formes sont toujours nécessaires, mais elles ne peuvent pas se prolonger indéfiniment. C'est pourquoi, périodiquement, le Ciel envoie des Initiés, des sages, des grands Maîtres, pour changer les formes des religions, mais seulement les formes, jamais les principes. Les principes sont immuables, ce sont les mêmes que l'on trouve dans toutes les grandes religions de l'humanité : l'amour, la sagesse, la vérité, la liberté, le sacrifice… Ces principes sont inchangeables et seront valables pour l'éternité.

De combien de critiques les moralistes ont accablé les femmes ! Parmi les reproches qu'ils leur ont faits, figure en particulier leur désir d'être belles. Ce n'est pourtant pas criminel, au contraire ; si les femmes ne recherchaient pas la beauté, elles auraient mis au monde des générations d'enfants d'une laideur épouvantable. C'est la mère qui transmet la beauté à ses enfants ; c'est elle qui les forme, et c'est pourquoi pendant tout le temps qu'elle les porte elle doit souhaiter la beauté pour eux. Tous ces moralistes qui ont condamné chez les femmes le désir d'être belles, n'ont pas compris que c'est la tâche de la femme, de la mère, de faire descendre la beauté sur la terre. Les hommes ne pensent pas beaucoup à cultiver la beauté, ils ont d'autres préoccupations ; alors, si les femmes n'y pensaient pas !…

Les femmes ont donc raison de chercher la beauté, afin de pouvoir la transmettre à leurs enfants. Il faut seulement qu'elles comprennent où et comment chercher la vraie beauté, la beauté spirituelle, afin qu'à travers leurs enfants elles fassent un jour descendre le Ciel sur la terre.

Il peut arriver que vous vous sentiez poursuivi par des images qui vous alourdissent, vous troublent... Ne vous laissez pas envahir, éloignez-les et remplacez-les par des images qui vous redonnent la joie, le courage et l'espoir. Pour comprendre l'importance des images, vous devez bien vous pénétrer du fait qu'elles possèdent une vie, des pouvoirs, et donc que certaines attirent la foudre, et d'autres font venir sur vous toutes les bénédictions du Ciel.

Chacun de vous doit chercher à former en lui-même des images qui l'arrachent à l'obscurité et aux pesanteurs terrestres ; et lorsque vous n'y arrivez pas, aidez-vous de la contemplation de tableaux, d'images peintes. Dans les temples, les églises, les images saintes n'ont pas d'autre fonction que d'aider le croyant à créer en lui un état grâce auquel il deviendra un récepteur, mais aussi un émetteur des énergies divines.

22 *Juillet*

Voici quelqu'un qui décide de mettre de l'ordre et de la discipline dans sa vie. Il pense qu'il a besoin d'un Maître et il se dit : « Je veux rencontrer un grand Maître, le plus grand Maître. Ce n'est qu'à cette condition que j'accepterai d'embrasser la vie spirituelle. » Et il part en Inde ou ailleurs à la recherche de ce Maître exceptionnel.

Je ne veux empêcher personne de chercher le plus grand Maître, mais il y a tout de même certaines choses que cet ignorant et ce prétentieux doit connaître. S'il n'a pas déjà travaillé intérieurement à acquérir une compréhension de ce qu'est un Maître spirituel, comment le considérer, comment apprécier ce qu'il enseigne et comment l'appliquer, il est préférable pour lui de ne pas rencontrer un grand Maître. Pourquoi ? Parce qu'il ne réussira qu'à se heurter à lui, il sera pris dans toutes sortes de contradictions et il restera aussi faible et ignorant qu'avant. Ne vous préoccupez donc pas de savoir si un Maître est plus grand ou moins grand, mais seulement de la façon dont vous allez comprendre son enseignement.

Parlez de la pureté et il n'y aura pas beaucoup de gens pour vous écouter. Les uns la considèrent comme une vertu démodée, dont ils n'ont pas à se soucier, car ils l'identifient à la chasteté et que, de nos jours, la chasteté… Pour d'autres, c'est un état merveilleux dont ils ont la nostalgie parce qu'ils l'associent à l'enfance, à cette innocence qu'ils ont perdue et qu'ils ne retrouveront plus jamais. En réalité, la pureté est une notion qui appartient à un domaine beaucoup plus vaste. Est pur tout ce qui est inspiré par notre nature supérieure ; est impur tout ce qui est inspiré par notre nature inférieure. La nature inférieure, alimentée par nos désirs grossiers, égocentriques, nous pousse à prendre des décisions et des orientations mesquines, partiales. L'impureté est là, n'allez pas la chercher ailleurs.

La pureté et l'impureté sont donc avant tout une question d'intentions, de buts. Oui, ce sont les intentions et les buts qui rendent nos actes purs ou impurs. Quand vous avez un but désintéressé, quand vous voulez travailler pour le bien de tous, votre activité est pure. Alors, si vous recherchez sincèrement la pureté, de tout votre cœur, de toute votre âme, efforcez-vous de limiter les manifestations de votre nature inférieure.

Celui qui se met au service de Dieu ne sert pas un être extérieur à lui ; c'est pourquoi il est impossible qu'il perde sa liberté, au contraire, il la conquiert. C'est cela le fondement de la religion. Tant que les humains ne chercheront pas à découvrir et à servir Dieu en eux-mêmes, ils auront de Lui une conception, une image incomplète ou déformée. Et il est normal que la pensée de se mettre au service d'une puissance qui se trouve on ne sait où, et qui peut-être même n'existe pas, soit pour certains insupportable.

Servir Dieu… Cette idée ne sera correctement comprise et acceptée que si l'être humain prend conscience que la Divinité qu'il doit servir habite dans son âme. Plus il se consacre à elle, plus il s'approche d'elle et entre en communication avec elle. Grâce à son travail, il parvient à dissoudre les scories accumulées en lui par ses pensées, ses sentiments, ses désirs inférieurs. Ainsi, il découvre peu à peu la quintessence de son être qui est la quintessence de Dieu Lui-même.

Servir Dieu ne signifie pas négliger son prochain, au contraire, et les véritables disciples s'efforcent de servir Dieu dans leur prochain. C'est Dieu qu'ils aiment dans les êtres humains. Même s'ils ne récoltent qu'ingratitude, ils ont la foi que Dieu ne les abandonnera pas. Ils le savent parce qu'ils en ont déjà fait l'expérience plusieurs fois dans leurs lointaines existences. Ils se sentent comme les oiseaux dont les ailes, qui se sont renforcées, sont enfin prêtes pour l'envol.

Ceux qui sont décidés à servir Dieu dans leur prochain révèlent qu'ils sont capables de prendre leur envol. Leurs problèmes personnels, familiaux, sociaux, ils les ont réglés et dépassés, ils sont libres de penser plus loin et plus haut. Ils se sentent membres de la famille universelle, et c'est en travaillant pour cette famille universelle que leur âme se dilate dans l'espace et trouve sa nourriture.

L'être humain est imparfait et il commet chaque jour des fautes. Mais même graves, ces fautes ne doivent pas envahir sa conscience, cela ne servira à rien. Que pendant un moment il en ressente du remords, de la honte, c'est une bonne chose, car on ne peut pas se corriger si on ne commence pas par se rendre compte qu'on a eu tort d'agir comme on l'a fait, et le regretter.

Mais le remords ne doit servir qu'à prendre la décision de ne plus recommencer les mêmes erreurs. Ensuite, il est inutile et même nuisible. Ceux qui reviennent sans cesse sur leurs fautes et se laissent écraser par le remords remuent la lie de leur subconscient et attirent des forces négatives. Non seulement ils se font ainsi beaucoup de mal, mais cette attitude ne plaît pas au Seigneur. Car le Seigneur a créé les humains pour qu'ils vivent comme Lui dans la beauté, la joie et la plénitude.

Vous voudriez méditer et vous n'y arrivez pas, vous trouvez que c'est difficile. Oui, car pour méditer il faut bien connaître la nature du travail psychique, et surtout ne pas exiger du cerveau qu'il se concentre immédiatement sur un sujet déterminé, sinon on violente les cellules nerveuses et le cerveau se bloque. La première chose que vous avez à faire est donc de vous détendre et de rester pour ainsi dire passif, tout en surveillant comme un spectateur patient cet apaisement de toutes vos cellules. Bien sûr, sans un certain entraînement vous n'y arriverez pas tout de suite, mais à la longue il suffira seulement de quelques secondes.

Travailler tout d'abord avec la douceur, l'harmonie, c'est là le secret d'une bonne méditation. Et au moment où vous sentez que votre système nerveux est apaisé, rechargé (car cette attitude passive permet à votre cerveau d'accumuler des énergies), vous pouvez orienter votre pensée vers le sujet que vous avez choisi.

« Au commencement, Dieu créa le ciel et la terre ». Dans ce premier verset de la *Genèse,* c'est le mot hébreu *Elohim* qui est traduit par Dieu. Or, *Elohim* est un pluriel qui devrait donc être traduit par « les dieux ». Les *Elohim* sont les anges de la séphira *Netsah**, ce sont eux qui ont créé le monde, et cet événement cosmique se reproduit sur la terre chaque fois qu'un homme et une femme conçoivent un enfant. Pour créer un enfant, l'homme et la femme sont sous l'influence de *Netsah*, l'amour, et les *Elohim* participent à la formation du corps de cet enfant. Même si l'homme et la femme n'en sont pas conscients, les *Elohim* font leur travail.

Les séphiroth sont des régions sublimes, mais elles travaillent chaque jour dans tous les domaines de l'existence. Oui, regardez seulement la création d'un enfant : les *Elohim* sont là, le père et la mère les ont appelés et, quelques mois après, apparaît un petit être devant lequel tous s'émerveillent. Sans le savoir, les humains travaillent avec des forces cosmiques, des forces magiques. Quelles forces magiques sont plus puissantes que celles de la procréation ? On peut, par la magie, déclencher des tornades, mais ce n'est rien à côté de la création d'un être vivant.

* Voir tableau et note, p. 374-376.

Le corps physique n'est qu'un instrument et il exécute ce que lui commandent nos pensées, nos sentiments, nos désirs. Ce n'est pas parce qu'un homme se coupera un membre qu'il se débarrassera des désirs qui le tourmentent. Les membres se contentent d'exécuter les ordres qui leur viennent de plus haut. Regardez : un bras peut donner des coups et il peut aussi donner des caresses ; il peut assassiner ou il peut sauver. Pourquoi accuser le bras ? Il n'est pas coupable, il n'est pas responsable ; on lui donne des ordres, bons ou mauvais, et il les exécute.

Supposons qu'un homme veuille s'amputer de ses organes génitaux, il ne pourra plus assouvir ses appétits et ses désirs, mais ils n'auront pas disparu pour autant et à quelles folies criminelles cet homme peut se laisser entraîner ! Il y a eu dans l'histoire des êtres que leur foi ardente et leurs aspirations à la pureté ont amenés à se mutiler pour se sauver soi-disant de l'Enfer. Mais ils étaient dans un autre enfer, et tellement plus brûlant ! Il faut laisser les membres tranquilles : c'est dans la pensée, dans le sentiment, dans l'âme qu'il faut faire un travail de purification.

Tout ce que vous faites pour votre seule satisfaction personnelle ne peut pas durer. Alors même que vous obtenez ce que vous désirez, cela finit par se retourner contre vous. Vous pensez le tenir solidement, et voilà que ça vous échappe. Vous pensiez que c'était de l'or, et voilà que ça devient du plomb. L'Intelligence cosmique, qui veut éduquer les humains, ne permet pas qu'ils réussissent dans leurs entreprises égoïstes. Alors pourquoi, direz-vous, les laisse-t-elle remporter quelques succès s'ils doivent bientôt perdre ce qu'ils ont acquis ? Pour qu'ils puissent bien méditer la leçon et comprendre ce qui vaut la peine d'être recherché, sur quoi il vaut la peine de travailler.

Et ce sur quoi il vaut la peine de travailler, c'est l'idée de fraternité universelle. Si vous aimez cette idée, si vous lui êtes fidèle, si vous la nourrissez, si vous concentrez toute votre volonté à sa réalisation, cette idée, qui est de l'or véritable, comblera pour toujours votre cœur et votre âme.

Avant d'être des régions du monde invisible décrites par la religion, l'enfer et le paradis sont deux formes de vie que nous pouvons trouver en nous-même. La vie de l'enfer est obscure, trouble ; c'est symboliquement celle du tube digestif, du ventre, du sexe. La vie du paradis est subtile, pure, lumineuse : c'est, symboliquement, celle des poumons, du cœur, du cerveau.

En nous, l'enfer et le paradis sont séparés par le diaphragme ; mais ils doivent travailler ensemble, la structure de notre corps nous le dit. Seulement il faut toujours veiller à ce que le côté supérieur domine le côté inférieur, que ce soit là, en haut, que la conscience établisse sa demeure : l'enfer fournira alors les matériaux, les forces brutes, que le paradis dirigera et fécondera. C'est pourquoi efforcez-vous de vivre dans votre paradis et, de là, apprenez à diriger les forces de votre enfer.

Mettez le temps des vacances à profit pour revenir sur certains événements que vous avez vécus, certaines rencontres que vous avez faites, et tâchez d'en tirer des conclusions utiles : à l'avenir vous saurez mieux comment affronter les situations et vous conduire avec votre entourage. Révisez aussi les notes que vous avez prises pendant les conférences ou dans les livres. Choisissez quelques phrases significatives et répétez-les jusqu'à ce que jaillisse en vous une étincelle qui allumera dans tout votre être un feu de sagesse et d'amour.

Pendant les vacances on est davantage exposé aux tentations. Donc, soyez vigilant. Reposez-vous en sachant que le vrai repos est seulement un changement d'activité. Si vous ne faites rien, même le repos vous sera nuisible, car un repos où l'esprit ne vient pas dire son mot est toujours nocif : il ouvre la porte aux conseils pernicieux de la nature inférieure.

Un jeune garçon et une jeune fille commencent à s'aimer. De temps en temps ils se rencontrent, ils s'écrivent; les petits cadeaux qu'ils se donnent, les petites mèches de cheveux, la moindre fleur ou le moindre pétale de rose sont pour eux comme des talismans chargés d'un océan d'effluves. Ils se sentent heureux, stimulés, inspirés. Lui est un chevalier, un prince, et elle la Belle au Bois Dormant! Ils vivent dans la poésie, ils se promènent, ils se regardent, tout devient beau, leur amour est pur, idéal. Mais le jour où ils commencent à vouloir vivre leur amour dans le plan physique, peu à peu la poésie s'en va, et c'est la prose qui la remplace.

Vous direz: « Mais nous ne pouvons pas rester toujours dans le côté idéal. » C'est vous qui le dites. Si vous tenez absolument à descendre, faites-le, mais vous quitterez le monde de la poésie, de la véritable beauté, et votre joie elle-même sera moins grande. Alors, autant que vous le pouvez, gardez un peu de distance dans l'amour, parce que c'est cette distance justement qui vous comblera, qui vous inspirera. Grâce à elle vous continuerez à aimer.

Vous venez de cueillir un fruit… Si vous aviez des appareils pour faire des observations, vous verriez qu'il est différent de ce qu'il était sur l'arbre. Sur l'arbre, le fruit est traversé par toutes les forces vives qui circulent, il reçoit cette sève à laquelle a travaillé l'univers entier. Dès qu'on le cueille, on le coupe des courants cosmiques.

Il en est de même pour l'homme : il faut l'étudier quand il est encore lié à l'Arbre cosmique dont il est le fruit, parce que c'est là qu'il est vivant, riche, rayonnant. C'est pourquoi la science, qui veut étudier l'homme coupé, tombé de l'arbre de la vie, ne peut pas le connaître : elle n'étudie que son cadavre. Vous direz : « Oui, mais là au moins on peut le disséquer pour voir comment il est fait. Tandis que lorsqu'il est vivant, on ne peut pas. » Eh bien, cela prouve justement qu'il faut trouver d'autres moyens pour l'étudier sans le couper en morceaux, pour pouvoir l'étudier vivant et intact. Et ces moyens existent ! Lorsqu'on les possédera, on découvrira tous les courants subtils qui circulent en l'homme et qui le relient à l'univers entier.

Les opinions, les croyances, les points de vue que les parents s'efforcent de transmettre à leurs enfants ne sont pas toujours les meilleurs, c'est entendu. Mais quand les enfants critiquent leurs parents en se montrant durs et insolents, est-ce qu'ils ont trouvé la bonne attitude ? Non. Même s'ils découvrent un jour qu'ils ne peuvent pas se fier complètement à leurs parents, cela ne les autorise pas à les mépriser. Qu'ils ne suivent pas leur exemple, qu'ils n'acceptent plus leur philosophie, ils en ont le droit ; mais ils ne doivent pas les rejeter.

Et cette règle est aussi valable en dehors de la famille. Ne pas être du même avis que quelqu'un ne vous donne pas le droit de le rejeter, au contraire. Puisque d'après vous il est dans l'erreur, c'est une raison supplémentaire pour être bon et compréhensif avec lui. Mais à l'intérieur d'une famille cette règle s'impose : même en désaccord avec leurs parents, rien ne doit empêcher les enfants de continuer à les respecter et à les aimer.

L'activité de l'abeille et de la fourmi, la vue perçante de l'aigle, le maintien royal du lion, la patience du bœuf, la puissance et la mémoire de l'éléphant, la fidélité du chien, etc., l'énumération des qualités dont les animaux sont devenus les symboles pourrait être encore plus longue.

Les animaux, qui sont comme les humains des créatures de Dieu, ont aussi des choses à nous apprendre, et ce n'est pas pour rien que certaines religions ont élevé certains d'entre eux au rang de divinités. Les animaux possèdent en effet des particularités, des traits de caractère qui peuvent éveiller un écho bénéfique chez les humains. Et Jésus qui disait : *« Soyez parfaits comme votre Père céleste est parfait »,* a dit aussi *« Soyez prudents comme le serpent et simples comme la colombe. »*

La facilité, le confort, l'abondance matérielle auxquels aspirent tellement les humains sont souvent incompatibles avec la véritable vie spirituelle. Quand on a tout le nécessaire, et même parfois le superflu, on ne fait aucun effort, on se laisse aller et sans le savoir on s'oppose à la vie intense de l'esprit en soi. C'est pourquoi, si le Ciel nous soumet à certaines privations, ce n'est pas par cruauté mais pour nous pousser à développer la patience, la force de caractère, le besoin de nous dépasser.

Celui qui est tranquille, qui a sous la main tout ce dont il a besoin, est évidemment très content. Mais il se laisse aller, il devient paresseux et cette paresse entraîne en lui l'accumulation de matériaux inutiles qui se putréfient et que rien ne peut éliminer : il n'est plus irrigué par ce courant intense que seule l'activité de l'esprit est capable d'entretenir dans son organisme. Alors, cessez de vous révolter contre certaines privations que la destinée peut vous imposer. Au contraire, accueillez-les avec reconnaissance, car ce sont les meilleures conditions pour apprendre à alimenter en vous la vie intense de l'esprit.

Imaginez que vous voyagiez sur un paquebot : il a son itinéraire, il doit s'arrêter dans tel et tel port, vous n'avez aucune possibilité de le détourner de sa route. Et une fois en mer, vous ne pouvez pas non plus le quitter, sinon vous tombez à l'eau. Mais sur ce paquebot vous pouvez lire, parler avec vos voisins, manger, boire, danser, dormir dans votre cabine ou monter sur le pont pour regarder la mer, etc., les possibilités ne manquent pas.

Cette image du paquebot est celle du destin de l'humanité. Nous sommes tous dans un paquebot dont l'itinéraire est tracé par les puissances célestes et personne n'a la possibilité de le modifier. Nous pouvons y faire ce que nous voulons : vivre en paix ou nous battre, nous perfectionner ou nous avilir. Mais l'itinéraire ne dépend pas de nous, les événements par lesquels l'humanité, le système solaire et même le cosmos entier devront passer ont été fixés de toute éternité, on ne peut rien y changer.

On raconte qu'une vieille femme craignait tellement les voleurs qu'elle avait décidé de mettre une certaine somme d'argent de côté en prévision d'une visite : cela lui éviterait certainement d'être maltraitée. Évidemment, un voleur finit par arriver et la femme lui dit : « Ah ! te voilà ! je t'attendais. J'ai préparé quelque chose pour toi… » Stupéfait d'être si bien reçu, le voleur, on s'en doute, repartit très content. Quant à elle, elle ne savait pas qu'en attendant un voleur, elle l'avait attiré.

Peu de gens, pensez-vous, ont l'idée bizarre de mettre de l'argent de côté en prévision des voleurs ; oui, sans doute, mais beaucoup en revanche font des économies en prévision des mauvais jours. Et cela revient au même, car ils appellent les mauvais jours. C'est magique : ils font une sorte de magie noire inconsciente. Ne dites donc jamais que vous économisez en prévision des mauvais jours, parce que vous les attirez. Économisez plutôt en prévision des bons jours. Ainsi, au moment où la princesse se présentera, vous aurez de l'argent pour vous marier avec elle. Évidemment, la princesse, c'est symbolique. La princesse qui vient, ce sont les occasions heureuses qui peuvent se présenter dans la vie. Il est utile d'avoir de l'argent pour bénéficier de ces occasions.

Le soleil que nous allons contempler chaque matin, nous ne pouvons le découvrir qu'après des efforts répétés, car il ne se révèle pas si facilement, et nos activités quotidiennes ne nous préparent pas à percevoir cette vie tellement subtile qui est une nourriture pour notre âme et notre esprit. Mais il faut persévérer, il faut travailler longtemps sur nos sens spirituels pour sentir que c'est la Divinité qui se manifeste à travers le soleil et communier avec elle.

Vous croyez connaître le soleil… Non, vous commencerez à le connaître quand vous sentirez dans le plexus solaire une vibration d'une telle intensité que tout votre être sera rassasié, abreuvé. Alors, comme lui, vous serez prêt à déverser dans le monde entier votre chaleur, votre lumière, votre vie ; et c'est ainsi que la Sainte Trinité, le Père, le Fils et le Saint-Esprit, deviendra vivante en vous.

Une fois déclenché, un courant de forces a tendance à devenir incontrôlable. Le seul moyen de le maîtriser est de remonter à l'origine du mouvement. Ainsi, pour venir à bout d'une foule de gens révoltés, on commence par capturer celui qui est à leur tête, le chef. Car c'est lui qui les inspire, qui les pousse. Tant qu'il est avec eux en liberté, ils continueront à agir. Mais une fois leur chef neutralisé, ils n'ont plus tellement d'élan pour poursuivre la rébellion.

Quelle leçon y a-t-il à tirer de cet exemple pour notre vie psychique ? Qu'avant de nous jeter contre un ennemi intérieur, un sentiment, une passion ou un désir qui nous tourmente (ce qui ne ferait que le renforcer), nous devons entrer en nous-même et chercher d'où cet ennemi prend ses forces. En remontant à la source, nous éveillons des puissances capables de le maîtriser. Voilà la méthode : grâce à cet effort de retour sur soi, on attire des secours du monde spirituel et l'ennemi finit par déposer les armes.

Lorsque vous décidez de marcher sur le chemin de la lumière, les situations en apparence les plus défavorables concourent à votre bien ; en effet, les forces que vous déclenchez alors transforment ces situations, et ce qui devait vous nuire vient au contraire se mettre à votre service. Donc, ce qui doit vous préoccuper avant tout, c'est de savoir si vous êtes sur le bon chemin. Quant aux événements qui peuvent survenir sur ce chemin, n'y pensez même pas. Acceptez-les, en sachant qu'à un moment ou à un autre les échecs se transformeront en succès et les chagrins en joies.

Mais gare à ceux qui n'ont pas su choisir le bon chemin ! Même s'ils remportent des succès, en réalité ces succès sont des pièges… Au lieu de se réjouir et de se pavaner, s'ils connaissaient les lois, beaucoup trembleraient, car ils sauraient que ces triomphes ne font que préparer leur chute.

De même que nous possédons des organes des sens qui nous permettent d'entrer en contact avec le monde physique, nous possédons des organes, des centres subtils grâce auxquels nous pouvons entrer en contact avec le monde spirituel. Ces centres, qui portent des noms différents selon les traditions, sont comme des antennes qui nous relient aux entités célestes.

Quand Jésus disait : *« Si ton œil est pur, tout ton corps sera dans la lumière »,* il faisait allusion à un de ces centres. Du point de vue physiologique, c'est une absurdité de faire dépendre l'état du corps de l'état des yeux, et d'ailleurs Jésus n'a pas parlé des yeux, mais d'un œil. Cet œil, dont dépend tout le corps, est le centre par lequel le Ciel touche la terre en nous. Et cet œil peut non seulement voir, mais aussi comprendre, sentir et même agir, car il contient en puissance les possibilités de tous les autres organes.

Des activités, des rencontres, tellement de choses se présentent à vous dans la vie ! Mais avant de vous engager, demandez-vous si cela contribuera ou non à votre perfectionnement spirituel. Il y a toujours pour cela des signes avertisseurs. Si vous sentez une obscurité dans vos pensées, un trouble dans vos sentiments et de l'indécision dans votre volonté, ne vous engagez pas, car voilà le critère absolu.

Beaucoup le reconnaissent : il y avait bien quelque chose qui les avait avertis, mais l'envie de satisfaire leurs désirs étant plus forte, ils n'en ont pas tenu compte, et ensuite, évidemment, sont venus les déceptions et les regrets. Il y a toujours des avertissements, personne ne peut dire qu'il n'en a pas reçu, mais on ne les prend pas en considération, parce qu'on est trop tenté, trop attiré. Ensuite il ne reste plus qu'à se lamenter : « Ah ! si j'avais su !... » Mais c'est trop tard. Alors, apprenez à écouter cette voix intérieure qui vous met en garde.

Lorsque vous vous sentez accablé par les soucis et les chagrins, allez regarder, la nuit, le ciel étoilé et méditez sur la petitesse de la terre perdue dans l'espace infini… Pensez que Celui qui a créé tant de mondes les a certainement peuplés de créatures plus intelligentes, plus belles et plus puissantes que les humains. Car lorsqu'on voit ces pygmées discuter, se chamailler et s'entretuer, comment croire que c'est sur la terre – un grain de poussière dans l'immensité – que le Créateur a installé ses créatures les plus parfaites ?

Sous les étoiles, vous pouvez sentir que tous les problèmes qui prennent dans votre tête des proportions gigantesques, ne sont presque plus rien. En pensant que ces étoiles que vous contemplez existent depuis des milliards d'années, que l'Intelligence qui a créé ces mondes est éternelle, que vous êtes créé à son image, vous sentez que votre esprit aussi est éternel et que rien ne peut réellement vous troubler.

Quand elles n'ont plus tellement d'énergies pour continuer à courir après la gloire, le pouvoir ou les plaisirs, combien de personnes décident qu'il est temps de s'assagir et de penser au Ciel ! Mais qu'est-ce qu'elles s'imaginent ? Quand on n'a plus d'énergies pour la terre, on n'en a pas non plus pour le Ciel. Rester tranquille dans son coin parce qu'on n'a plus suffisamment de forces pour les affaires, les intrigues et les aventures passionnelles, ce n'est pas de la sagesse, et c'est encore moins de la spiritualité.

Tous ceux qui, dans leur jeunesse, épousent le diable – disons les choses ainsi – ne doivent pas se faire d'illusions : c'est le diable qui les répudie dans leur vieillesse, parce qu'il n'a plus rien à prendre chez eux. Ils croient divorcer de leur plein gré, mais pas du tout, c'est le diable qui les chasse : il renvoie vers Dieu tous ces débris dont il ne peut plus rien tirer. Et alors quel spectacle pour le Seigneur, et surtout quel renfort magnifique Il reçoit là pour son travail !...

Par la parole, un Maître spirituel s'efforce de conduire ses disciples aussi loin qu'il le peut, mais ensuite, il doit se taire. Il lui est impossible de révéler tout ce qu'il vit dans son esprit et dans son âme. Existe-t-il des mots pour expliquer vraiment ce qu'est une extase, ce moment où un être humain est arraché de son corps pour être projeté à des hauteurs vertigineuses ?…

Un Maître peut seulement affirmer devant ses disciples la réalité d'expériences encore inimaginables pour eux. Et comme ces expériences imprègnent tout son être, elles imprègnent donc aussi tout ce dont il leur parle ensuite. Quel que soit le sujet, il leur transmet quelque chose venu de très loin, de très haut ; c'est ainsi qu'il leur communique le désir de vivre ce qu'il a lui-même vécu et, par ses explications, par les méthodes qu'il leur donne, il leur prépare les conditions, il leur indique le chemin.

Déjà, bien avant la naissance de son enfant, la mère qui le porte doit prendre conscience des pouvoirs qu'elle a sur lui. Il ne suffit pas qu'elle aime déjà cet enfant, il faut qu'elle apprenne à utiliser les puissances de l'amour. En pensant à son enfant, elle a la possibilité de projeter son amour jusqu'aux régions sublimes pour y recueillir les éléments nécessaires à sa bonne évolution, et les lui infuser.

Comment une mère peut-elle croire qu'avec ses seules ressources elle est capable de donner à son enfant tout ce dont il a besoin, si elle ne va pas le chercher ailleurs, plus haut, dans le plan spirituel ? Alors, de temps en temps, quelques minutes, plusieurs fois par jour, par ses pensées, par ses prières, qu'elle se présente devant Dieu en Lui disant : « Seigneur, je veux que cet enfant que Tu me donnes soit ton serviteur. Mais pour cela j'ai besoin d'autres éléments qui ne se trouvent qu'auprès de Toi : donne-les-moi, s'il Te plaît. » Vous direz qu'il n'est pas facile de se présenter devant Dieu. Bien sûr, mais c'est une façon de parler. Déjà en pensant à la beauté, à la lumière, à l'éternité, la mère attirera des éléments subtils plus élevés et les communiquera à son enfant.

Quel que soit l'intérêt que les êtres et les choses présentent isolément, ils ne prennent tout leur sens et leur dimension que par le lien qui les unit les uns aux autres. Ce lien, on peut l'appeler sympathie, amitié, amour. L'amour n'est pas la rencontre de deux corps, mais la fusion de deux quintessences. Deux êtres peuvent ne s'être même jamais touchés du bout des doigts, mais sentir entre eux un lien puissant, indestructible ; alors que d'autres qui dorment depuis des années dans le même lit se sentent seuls, étrangers l'un à l'autre.

Lorsque deux êtres s'aiment vraiment, rien ni personne ne peut les séparer. Même si on met des milliers de kilomètres entre eux, en réalité ils sont toujours ensemble. Malgré les murs, malgré les montagnes et les océans, ils sont ensemble, parce que ce qu'ils vivent se situe si haut que cela échappe aux limitations du plan physique.

« La vie éternelle, c'est qu'ils Te connaissent, Toi, le seul vrai Dieu », disait Jésus. Mais nous ne pouvons pas connaître Dieu aussi longtemps que nous restons extérieurs à Lui. Pour comprendre l'immensité, l'infini de Dieu, nous devons nous fondre en Lui, nous perdre en Lui, nous fusionner avec Lui. Cette fusion cependant ne peut pas se faire tant qu'un être ne travaille pas à se purifier…

Prenons une image : vous avez une grosse goutte de mercure, vous l'éparpillez en gouttelettes sur une feuille de papier, puis vous rapprochez ces gouttelettes : elles n'en forment à nouveau qu'une seule. Vous avez certainement tous fait cette expérience. Maintenant, sur ces gouttes éparpillées laissez tomber quelques grains de poussière : quoi que vous fassiez ensuite pour les réunir, elles restent séparées. Eh bien, c'est ce qui se passe aussi avec nous. Le Seigneur est la splendeur, l'infini, l'immensité, mais Il n'est pas inaccessible, à condition que nous arrivions à rejeter toutes les impuretés en nous qui, comme des couches de poussière, nous empêchent de nous fusionner avec Lui.

Le travail spirituel est une entreprise de longue haleine, et vous n'obtiendrez certainement pas très vite de grands résultats. Mais l'essentiel est de travailler, et ensuite, patientez !... même si c'est la chose la plus difficile. Rares sont ceux qui savent attendre. Combien de fois patienter est considéré comme une perte de temps ! Il est vrai que, dans les magasins, les administrations, chez le médecin, devant les guichets d'une poste ou d'une banque, attendre paraît une perte de temps... mais, là encore, vous avez de quoi vous occuper en faisant un travail de la pensée.

Il n'y a pas de temps perdu pour un être conscient que, par la pensée, par l'imagination, il peut devenir créateur dans le monde invisible. Le seul temps réellement perdu est celui passé dans la paresse, les futilités, les plaisirs grossiers et les mauvaises actions. Il dépend donc de vous de ne pas perdre votre temps. Devoir attendre pour obtenir la réalisation de vos aspirations les meilleures n'est pas une perte de temps, parce qu'en attendant vous travaillez, et dans ce travail déjà votre âme s'épanouit.

Pour connaître les êtres, pour savoir s'ils sont fidèles, véridiques, forts, sages, généreux, il suffit d'observer comment ils traversent les épreuves. Aussi longtemps que tout va bien pour eux, que rien ne les trouble ou les fait souffrir, il est impossible de se rendre compte de ce qu'ils valent profondément. Sinon, pourquoi croyez-vous que l'Initiation commence par des épreuves ?

Vous connaissez ces épreuves terribles auxquelles, dans l'antiquité, les Initiés soumettaient ceux qui voulaient devenir leurs disciples. Évidemment, dans la Fraternité Blanche Universelle, vous ne serez pas soumis à de telles épreuves, et ce n'est d'ailleurs pas nécessaire. Mais un Initié est très difficile à gagner et il a raison ; il ne vous acceptera pas dans son cœur, dans son âme, dans son esprit, avant de vous avoir un peu vérifié, car il ne peut pas courir le risque de placer ses richesses dans un vaisseau qui, à la moindre tempête, risque de couler. Mais s'il voit que le vaisseau est solide, que malgré les tempêtes, le disciple se montre stable, résistant, patient, alors oui, l'Initié lui donne tout ce qu'il possède : sa confiance, son amour, son estime, ses trésors.

Une croix n'est, schématiquement, que la rencontre d'une ligne verticale et d'une ligne horizontale. Ces deux lignes représentent deux forces, deux directions opposées, mais qui se rencontrent pour produire l'union des deux principes, masculin (la ligne verticale) et féminin (la ligne horizontale). La croix est une expression de l'union des deux principes. Comprendre la croix, c'est donc savoir mettre en action le masculin et le féminin, le positif et le négatif.

Vous direz : « Mais comment mettre les deux principes en action ? Et est-ce si important ? » Oui, aussi important que de savoir comment utiliser le feu et l'eau, qui sont eux aussi des représentants des deux principes masculin (le feu) et féminin (l'eau). Imaginez que vous ne sachiez pas… De combien de possibilités vous seriez privés ! Réfléchissez à tout ce que l'on peut faire en sachant se servir de l'eau et du feu. C'est l'union des deux principes qui crée le mouvement. Et considérez aussi la roue… Qu'est-ce qu'une roue ? Une croix en mouvement.

Après avoir fait certaines expériences sexuelles, combien de jeunes garçons et de jeunes filles sont déçus et éprouvent des regrets ! Jusque-là ils se sentaient légers, heureux, tandis que maintenant quelque chose de pesant s'est insinué en eux, et ils sont mal à l'aise, honteux même. Leur regard n'a plus la même clarté et ils disent : « On ne savait pas que c'était comme ça. Si on avait su ! »

Eh oui, dans le monde entier les garçons et les filles ne savent pas ce qui les attend lorsqu'ils se lancent prématurément et à la légère dans certaines expériences. D'ailleurs, à ce moment-là, ça ne les intéresse pas de le savoir : ce qu'ils veulent, c'est avoir du plaisir, goûter des sensations. Mais voilà que, le plus souvent, ce n'est pas le bonheur qui les attend là, mais une insatisfaction, le sentiment d'avoir perdu quelque chose. Et quand ils comprennent qu'ils se sont trompés, cette compréhension ne leur sert plus à rien, elle vient trop tard. Alors, quels sont ceux qui peuvent les prévenir ?… et est-ce qu'on les écoutera ?…

La lumière et les ténèbres sont deux principes qui ne cessent de s'affronter dans le monde. Si vous vous rangez du côté des ténèbres, la lumière vous attaquera, et si vous vous rangez du côté de la lumière, vous serez attaqué par les ténèbres. Sachez-le et préparez-vous à vous défendre. Seulement, là encore, vous devrez être vigilant, car il ne s'agit pas que vous vous défendiez n'importe comment, mais uniquement en vous servant des armes de la lumière. Oui, car si vous répondez avec les moyens des ténèbres (la haine, la cruauté, la violence), vous dégringolerez dans les régions où ces forces hostiles s'affrontent, se déchirent, et vous allez vous assombrir, vous affaiblir.

Pensez-y, les ennemis sont une tentation présentée par le monde invisible : pour les vaincre on a tendance à riposter en utilisant les mêmes moyens qu'eux. Mais les ennemis peuvent être aussi une bénédiction, si nous cherchons à répondre avec cette arme supérieure qu'est la lumière.

Comment ne pas voir les correspondances qui existent entre l'évolution de l'être humain et celle de la terre ! Oui, la plupart des hommes et des femmes ressemblent à des terres en formation : ils n'ont pas encore réussi à bien stabiliser leur sol intérieur qui est sans cesse en ébullition, secoué et fissuré par des éruptions volcaniques. Et le Seigneur, qui ne cherche qu'à venir avec ses anges établir en eux sa demeure, doit encore attendre qu'ils s'apaisent.

Le Seigneur travaille dans toutes les créatures, mais toutes n'en sont pas à la même période de formation : ère primaire, secondaire, tertiaire, etc. C'est pourquoi certaines terres sont encore peuplées de dinosaures, alors que d'autres portent des vergers et des champs cultivés. Les Maîtres spirituels sont des êtres qui ont longtemps travaillé leur terre, c'est pourquoi ils viennent pour faire avancer « la charrue du monde », pour soulever le karma de l'humanité.

Ils sont rares, les êtres capables de gravir avec constance les pentes de la montagne spirituelle. Le sommet paraît tellement loin ! Alors, presque tous interrompent le mouvement, ils redescendent, et tout sera à recommencer. Il faut savoir que rien n'est plus nuisible pour l'équilibre psychique que de passer et repasser d'un mode de vie à l'autre : s'imposer pendant un temps une certaine discipline, puis se laisser aller, et vice-versa.

Je ne dis pas que vous devez vous consacrer exclusivement à des activités spirituelles, prier et méditer, ce ne serait pas raisonnable. D'autant plus que beaucoup d'autres activités peuvent nourrir votre âme : écouter de la musique, lire, contempler une œuvre d'art ou un paysage. Intérieurement, tâchez de rester le plus longtemps possible sur les sommets où vous avez réussi à vous hisser. Si vous prenez cette habitude, vous réussirez ensuite sans difficulté à vous maintenir sur les hauteurs.

De la terre au soleil et au-delà, tout l'espace est habité. Les quatre éléments, la terre, l'eau, l'air et le feu sont habités par toutes sortes de créatures qui sont mentionnées dans les traditions du monde entier. Bien sûr, elles ne sont peut-être pas telles qu'elles ont été décrites par chaque religion ou chaque culture, mais elles existent, nous pouvons entrer en communication avec elles et les faire participer à notre travail pour l'avènement du Royaume de Dieu.

Quand vous allez marcher dans les montagnes, les forêts, au bord de la mer, des lacs ou des rivières, essayez de prendre conscience de la présence de tous ces esprits qui les peuplent et qui existaient déjà bien avant l'apparition de l'homme sur la terre. Liez-vous à eux, parlez-leur, émerveillez-vous devant la beauté du travail qu'ils accomplissent partout dans la nature. Alors, ils seront heureux, ils se prendront d'amitié pour vous et vous donneront des cadeaux : la vitalité, la joie, l'inspiration…

Il ne faut pas croire que ce sont nécessairement les gens de bien qui soulignent la malhonnêteté, l'injustice et la méchanceté chez les autres. Au contraire, ce sont souvent ceux qui ont ces défauts qui les voient partout : ils sont toujours critiques et soupçonneux, parce qu'ils jugent le monde entier à travers eux. Et inversement, ceux qui possèdent de grandes qualités morales ne remarquent pas tellement les défauts de leur entourage, car ils voient les autres à travers les qualités qu'ils possèdent, eux.

Chaque être humain ne peut voir qu'à travers ses propres yeux, et c'est lui qui façonne ses yeux par ses pensées et ses sentiments. Si vous rencontrez des gens qui ne vous parlent que des défauts des autres, sachez que, d'une façon ou d'une autre, c'est d'abord sur eux-mêmes qu'ils vous font des révélations. S'ils possédaient la noblesse, la bonté, l'honnêteté et surtout l'amour, ils trouveraient aussi chez les autres toutes ces bonnes qualités.

L'idée de servir les autres n'est jamais au premier abord bien attirante pour beaucoup de gens ; elle est même humiliante, et cela parce qu'ils ne savent pas ce qu'est le vrai service. Sinon, pourquoi dans les *Évangiles,* Jésus aurait-il dit : *« Le plus grand parmi vous sera votre serviteur » ?* Celui qui est grand ne se sent jamais diminué en se mettant au service des autres, parce que sa grandeur est celle de l'esprit. Il sait que rien, aucune tâche, ne lui fera perdre sa noblesse, sa vraie grandeur.

Jésus a été grand, parce qu'il a su se faire infiniment petit. Lui qui disait : *« Je suis la vérité »* n'a jamais demandé qu'on s'incline devant lui pour le servir ; au contraire, c'est lui qui s'est fait l'humble serviteur de tous. Pourquoi ? Parce que la vérité est chargée d'une énergie incommensurable. Il faut donc l'envelopper avec précaution pour que les autres puissent l'accueillir et l'assimiler sans que cela produise de dégâts. La puissance que donne la vérité doit aussi se manifester à travers l'humilité, l'amour, la douceur.

Beaucoup de personnes se détournent du monde spirituel, elles refusent même d'en entendre parler, elles en ont peur tellement il leur paraît flou et incertain. Mais c'est tout simplement qu'elles ne possèdent pas, pour y pénétrer, des instruments aussi perfectionnés que ceux qui leur permettent de travailler dans le monde physique : les mains, les yeux, les oreilles… Pourtant, si on étudie bien cette question, on verra que le monde spirituel est le monde le plus clair, le plus sûr et le plus réel, et qu'il reste pour l'éternité immuable et beau.

La réalité matérielle, palpable, accessible aux cinq sens, n'est pas la vraie réalité. La vraie réalité est celle de l'âme et de l'esprit. Pour y avoir accès, l'être humain doit avoir développé ses centres et ses corps subtils, et surtout être bien guidé. Sinon, évidemment, il peut commettre beaucoup d'erreurs et se faire du mal en déclenchant des forces hostiles. Mais celui qui a appris à se diriger dans le monde spirituel y découvre peu à peu les seules véritables certitudes.

Quand on vous donne quelque chose, soyez attentif, montrez au moins que vous savez en reconnaître la valeur, sinon, même la personne la plus patiente, la plus généreuse finit par se décourager. À quoi bon continuer à vouloir vous aider, vous faire du bien, puisque vous ne le voyez même pas ? Elle sent qu'avec vous elle perd son temps, c'est tout, et elle se tournera vers quelqu'un d'autre, plus capable d'apprécier ce qu'elle veut donner.

Même un Maître spirituel est obligé de tenir compte de cette réalité. Il donne ses richesses et ses connaissances à ceux chez qui il sent un écho. En échange de ce qu'il vous donne, un Maître spirituel demande au moins votre attention. Autrement, il se tait, il ne confie pas ses trésors à un bateau percé. Et le Ciel fait de même : il se ferme pour celui qui ne reconnaît pas ses bienfaits.

Les entités lumineuses ne s'attardent pas chez celui qui ne vibre pas à l'unisson avec elles, c'est pourquoi l'inspiration, la joie, l'extase ne sont pour la plupart des humains que des moments très fugitifs. Pour qu'ils durent, il faut donner à ces entités les conditions dont elles ont besoin et préparer tout son être non seulement pour les recevoir mais pour les retenir.

D'où vient que le sage est heureux ?... Même s'il ne ferme pas les yeux sur toutes les manifestations du mal dans le monde et les souffrances qui en résultent, il reste toujours attentif au passage des entités lumineuses et il les accueille, il leur offre une demeure en lui. Il aurait conscience d'offenser le Ciel s'il laissait perdre les richesses, les bénédictions qu'il déverse sur nous chaque jour. La grande faiblesse des humains n'est pas de ressentir le mal, mais de rester là à ruminer tout ce qui est négatif.

Pour ceux qui sont forts, qui sont capables de se dominer, tout est bon, on pourrait presque dire : tout est permis, car ils savent comment tout peut être utilisé pour le bien. Mais les faibles, il faudrait même leur interdire le Ciel !… Parce que le Ciel les rendra fous. Oui, voilà souvent ce qui peut aussi détraquer les gens : le Ciel, c'est-à-dire la pureté, la beauté, la lumière. Tandis que dans l'enfer, au milieu de tous les diables, ils trouvent leur place, ils se sentent très bien. Eh oui, avec les faibles, il faut sans cesse prendre des précautions, parce que tout devient dangereux : l'amour, la sagesse, la joie… On ne sait pas comment ils vont les supporter ou ce qu'ils vont en faire. Et même vivre peut être dangereux pour certains. Alors, que reste-t-il de bon pour eux ?

Combien de règles morales ont été édictées à cause de la faiblesse des humains ! Mais le jour où ils deviendront véritablement forts, maîtres d'eux-mêmes, plus rien ne leur sera interdit.

Les très jeunes enfants possèdent une forme de clairvoyance, et quand ils regardent les pierres, les arbres, les fleurs, les animaux, les humains, ils voient des entités qui se déplacent parmi eux, en eux. Ils sentent même aussi que ces entités viennent à leur rencontre, qu'elles leur parlent ; ce sont comme des amies qui leur rendent visite.

Mais très vite, les adultes et tout l'environnement matérialiste provoquent la rupture du lien entre l'enfant et le monde invisible, et aussi le fait que l'intellect et d'autres dispositions psychiques entrent en jeu. Peu à peu, ils ne voient plus la création que comme une juxtaposition d'existences avec lesquelles ils n'ont aucune communication ; ils ne perçoivent plus les vibrations subtiles par lesquelles elles entrent en correspondance. Cette sensibilité au côté subtil, vivant de la nature, c'est ce que les disciples d'une École initiatique s'exercent à développer.

4 Septembre

Vous possédez certaines qualités et vertus, mais ne vous imaginez pas pour cela que la source de ces qualités et vertus est en vous. Non, les bonnes impulsions qui vous animent viennent de très loin, de très haut, et vous en êtes seulement un conducteur. Si vous savez vous manifester avec bonté, générosité, c'est que vous êtes un transmetteur des entités de l'amour. Ces entités vous ont choisi comme messager parce que vous avez travaillé dans ce sens et que vous possédez les éléments nécessaires, l'état convenable à cette transmission. Et si vous avez préparé votre cerveau pour devenir un messager de la sagesse, ce sont alors d'autres entités qui vous engagent à leur service pour propager la lumière. Il en est de même pour la volonté, la pureté, la beauté, etc.

La nature est fidèle et véridique ; elle détermine et classe chaque être selon son travail, son idéal, et chacun devient ainsi un médium pour les entités que ses aspirations ont attirées.

Parler ne se limite pas à articuler des sons. Chaque mot prononcé possède des vibrations qui lui donnent la possibilité d'agir comme une force constructive ou destructrice. La plupart des gens n'en sont pas conscients, et c'est pourquoi on constate tant de dégâts et de ruines dont seuls les mots sont la cause.

Toute parole prononcée suscite nécessairement certains sentiments ; c'est pourquoi si vous prononcez des paroles constructives et vivifiantes, très vite après s'éveillent les sentiments correspondants. Au moment où un acteur entre en scène, il n'éprouve évidemment pas les sentiments d'amour, ou de colère, ou de désespoir, etc., du personnage qu'il doit incarner. Mais il commence à parler et, de plus en plus, à cause des mots qu'il prononce, non seulement il commence à éprouver ces sentiments, mais il communique une émotion aux spectateurs, car les mots déclenchent des forces et ce sont ces forces qui agissent sur le public. Lorsqu'on réfléchit sur ces faits, on comprend qu'il faut être extrêmement attentif à ses paroles, afin de ne pas se laisser aller à prononcer des mots qui apporteront le malheur et la destruction.

Vous ne devez compter sur rien ni personne, ni sur votre famille, ni sur vos amis, ni sur votre Maître, pas même sur le Seigneur, oui, pas même sur le Seigneur, mais seulement sur votre travail. Pourquoi ? Parce que c'est à cause de votre travail que vous pourrez compter ensuite sur l'univers entier. Quand l'agriculteur a ensemencé son champ, il peut compter sur le soleil, sur la pluie, sur la rosée, car ils contribueront à faire croître les semences. Mais s'il n'a rien semé, inutile de compter sur quoi que ce soit, autant chercher à prendre appui sur le vide. À qui la faute, ensuite, s'il n'arrive rien de ce qu'il attend ?

Même le Seigneur ne tient pas à ce que nous comptions tellement sur Lui. C'est, exprimé différemment, ce que dit aussi Jésus dans les *Évangiles : « Cherchez d'abord le Royaume de Dieu et sa Justice, et tout le reste vous sera donné par surcroît »*. Donc, à nous d'abord de faire quelque chose, pour déclencher les processus qui nous permettront d'obtenir ce que nous souhaitons, d'atteindre le but que nous nous sommes fixé.

Il est dit dans le *Zohar* que lorsque Dieu eut créé le monde, Il s'adressa à toutes ses créatures les unes après les autres. Lorsque la Loi se présenta devant Lui, Il lui parla ainsi : « *Chaque fois que l'homme transgressera tes ordonnances, tu seras implacable, mais aussitôt qu'il se repentira et fera pénitence, tu cesseras de le tourmenter, tu te tairas et tu le laisseras libre.* » C'est pourquoi la Loi est terrible, implacable, mais elle fléchit dès que les humains se repentent et corrigent leurs fautes.

Vous avez tous le pouvoir d'arrêter l'application des décrets les plus sévères de la Loi. L'ordre de Dieu est qu'elle se retire dès que vous avez compris vos erreurs et que vous commencez à les réparer. Oui, car Dieu est patient devant nos péchés, nos faiblesses, tandis qu'Il est impatient devant nos souffrances et nos tourments.

L'aura est notre peau spirituelle. Et autant il est souhaitable que notre peau physique soit douce et fine, autant la peau spirituelle qui nous entoure doit être large et résistante.

Il y a des personnes qui ne cessent de se plaindre de la façon dont on les a regardées, dont on leur a parlé, dont on les a traitées. Elles sont tellement sensibles qu'on dirait qu'elles ont des plaies partout. Elles révèlent par là que leur aura est très mince. Pourquoi ? Parce qu'elles n'ont pas beaucoup d'amour. Tandis que les personnes qui ont une aura très large, on peut leur dire tout ce qu'on veut, cela ne les trouble pas, ne les vexe pas, car elles ont beaucoup d'amour. Alors, si vous êtes tellement sensible aux critiques, ne cherchez pas à vous justifier ; c'est seulement que vous n'avez pas suffisamment d'amour pour colmater les brèches, construire des murs épais et empêcher les courants négatifs de traverser votre aura.

Pourquoi les humains ne cessent-ils de se fabriquer des limitations et des charges inutiles ? Ils ne se rendent pas compte qu'en s'enfonçant dans la matière, ils perdent leur joie de vivre ? Tous les fardeaux qu'ils ont entassés pèsent sur leur cœur. Qu'ils s'en débarrassent et la joie reviendra.

Beaucoup de voyageurs visitant des pays très pauvres se sont souvent étonnés de découvrir une population gaie, souriante, alors que dans les pays prospères les gens ont une mine tellement sombre ! Eh bien, oui, contrairement à ce qu'on peut imaginer, l'abondance matérielle ne donne pas tellement de bonheur aux gens. Tout ce monde artificiel qu'ils se sont fabriqué, ils en sont maintenant devenus prisonniers. Les choses sont allées si loin, le commerce, la finance, occupent une telle place qu'on ne voit pas comment sortir de cet engrenage. Et pendant que l'économie prospère soi-disant, les humains, eux, périclitent.

Malgré vos efforts pour vous ouvrir aux vibrations célestes, il arrive, certains jours, que vous ne sentiez rien. Mais ne vous découragez pas, d'autres jours viendront où vous les sentirez à nouveau. Long et difficile est le chemin qui conduit à notre patrie céleste ; pourtant, s'il y a une chose dont nous ne devons jamais douter, c'est qu'un jour nous la rejoindrons, tandis qu'avec les entreprises terrestres il est tellement moins sûr de réussir !

Quand quelqu'un a échoué deux ou trois fois à un examen ou à une élection, on lui fait comprendre qu'il est inutile d'insister, et il doit abandonner. Mais quand il s'agit de notre prédestination divine, quels que soient les échecs et les chutes nous devons à tout prix persévérer. Cette prédestination est si profondément inscrite en nous qu'un jour ou l'autre nous arriverons au but.

Le sourire est déjà un salut, un signe de reconnaissance que chacun adresse aux personnes qu'il rencontre avant même de le faire par la parole, aussi est-il important de veiller à ce que l'on exprime par un sourire. Bien sûr, il ne s'agit pas de se fabriquer un sourire artificiel en s'étudiant dans un miroir. Il faut que ce sourire qui doit exprimer la bonté, la douceur, la compréhension, vienne naturellement du dedans.

Si vous êtes capable de descendre dans les profondeurs de votre être pour y chercher le silence et la lumière, les sculpteurs qui sont en vous sauront quels nerfs, quels muscles ils doivent tendre ou détendre. Vous pouvez leur faire confiance. Vouloir vous fabriquer vous-même un sourire risque de vous déformer plus qu'autre chose. Travaillez donc avec l'amour, l'espérance et la foi, et abandonnez-vous à l'inspiration de vos sculpteurs intérieurs.

Combien d'artistes vivent dans les angoisses et les tourments ! Pour les supporter, certains s'adonnent à la boisson, aux drogues, à la débauche, etc. Comme ils possèdent des dons réels, cela ne les empêche pas de créer de temps à autre quelques chefs-d'œuvre. Mais ces chefs-d'œuvre, c'est les autres qui en profitent. Eux-mêmes souffrent, et ils continueront à souffrir tant qu'ils ne s'imposeront pas une discipline pour maîtriser les forces obscures qui sont en train de les détruire.

Mais c'est là un sujet auquel, généralement, le public ne réfléchit pas. Il suffit que certains livres ou certaines œuvres d'art l'intéressent, l'inspirent, les tragédies vécues par leurs auteurs ne le touchent pas tellement, il se plonge même avec avidité dans leur biographie pour se repaître du moindre détail. Il y a dans cette fascination une grande cruauté, mais les gens n'en sont pas conscients. Et surtout, ce qu'ils ignorent, c'est que ces artistes qui n'ont pas soutenu leurs dons, leurs facultés par une discipline intérieure, les perdront tôt ou tard, dans cette existence ou dans la prochaine. Puisque, par leurs dérèglements, ils ont dilapidé tout leur capital, ils reviendront sur la terre comme des êtres tout à fait insignifiants. On ne peut pas longtemps séparer création artistique et vie morale.

Le Créateur veut que l'être humain s'épanouisse avec ses deux natures, inférieure et supérieure, car elles sont complémentaires, comme sont complémentaires l'esprit et la matière. Et c'est cela le véritable enseignement du Christ : comment utiliser la nature inférieure pour monter vers Dieu.

Mais qu'a fait l'Église ? Au lieu d'instruire les humains de cette vérité et de leur donner des méthodes pour la mettre en pratique, elle a surtout propagé une philosophie et une morale fondées sur le dégoût et la condamnation des instincts. C'est pourquoi les chrétiens ont encore beaucoup à apprendre et à comprendre pour devenir de véritables disciples du Christ, mais aussi, tout simplement, pour se développer harmonieusement en tant qu'êtres humains.

L'être humain est un pécheur, il est conçu dans le péché, il naît dans le péché : voilà ce que, depuis des siècles, l'Église ne cesse de répéter. Mais c'est en soulignant et en propageant tellement cette idée qu'elle empêche l'humanité de se redresser, car elle diminue son espérance et son désir de sortir de cette situation.

Bien sûr, il y a quand même une certaine vérité : l'homme est conçu dans le péché parce que ses parents lui transmettent une hérédité déjà défectueuse. Regardez seulement dans quelles conditions ils conçoivent leurs enfants ! Est-ce dans la lumière, la pureté, le véritable amour ? Rarement. Eh bien, voilà déjà des manques dont ces enfants vont souffrir. Mais que depuis Adam et Ève le péché originel doive obligatoirement se transmettre de génération en génération, non. Si les humains trouvent la lumière, s'ils cherchent à cultiver la bonté, l'honnêteté, la justice, la sagesse, il ne faut plus se préoccuper d'Adam et Ève, tout peut être changé, transformé. Pourquoi inculquer aux humains des idées qui les maintiennent toujours très bas dans la culpabilité, sans aucun espoir de se redresser un jour ? Nous sommes tous des pécheurs, c'est entendu, mais nous ne sommes pas obligés de le rester pour l'éternité : nous pouvons progresser jusqu'à la perfection.

Vivre en harmonie les uns avec les autres ne signifie pas que vous devez vous laisser absorber par la collectivité. Non, vous êtes un individu bien distinct, mais tout en conservant votre individualité propre, vous devez former une unité, travailler pour l'unité. Regardez les cellules de l'organisme : elles ne sont pas identiques, elles ne remplissent pas les mêmes fonctions, une cellule du cœur n'est pas une cellule de l'estomac, chacune garde son individualité ; mais leurs affinités, leurs liaisons créent entre elles cet état d'harmonie que l'on appelle la santé. Est-ce tellement difficile à comprendre ?

On n'a pas à demander à un noir de devenir blanc, à un musulman ou à un bouddhiste de devenir chrétien. Dans le passé, les chrétiens ont envoyé des missionnaires pour convertir tous les peuples de la terre, et de quelle violence ils ont dû user souvent pour y parvenir ! Tous les humains doivent garder leurs particularités, leurs différences, mais en même temps établir entre eux des liens grâce auxquels ils forment un tout dans le monde divin.

De combien de possibilités les humains disposent maintenant grâce au progrès technique ! Mais tant de facilités nouvelles les amènent à tout attendre de l'extérieur et à se montrer insouciants, irréfléchis, légers. Ils peuvent négliger leur santé : il y a des pharmaciens, des médecins, des chirurgiens, des dentistes, etc. Ils peuvent gaspiller le papier, détraquer les appareils, casser les objets, tacher et déchirer les vêtements, jeter de la nourriture : ils trouveront dans les magasins de quoi remplacer tout ça !

C'est ainsi que l'attention, la vigilance, le discernement s'émoussent de plus en plus. Pourquoi les développer quand il y a tellement de gens et de produits pour réparer les bêtises qu'on a faites ? Tous sont là, les chercheurs, les techniciens, pour venir en aide aux maladroits, aux étourdis, aux inconscients. En réalité, ils aident plutôt les fabricants à s'enrichir ; quant aux utilisateurs, ils les affaiblissent plutôt et les rendent de plus en plus dépendants. Je ne dis pas qu'il faudrait arrêter le progrès technique, non, mais en même temps qu'ils bénéficient de ces progrès, les humains ne devraient pas négliger le domaine intérieur, et cultiver l'attention, la prudence, la maîtrise.

Vous êtes au sommet d'une tour, et vous tenez un caillou dans la main. Ce caillou, vous pouvez le garder dans la main ou le laisser tomber. Si vous le laissez tomber, il échappe aussitôt à votre contrôle, car deux lois physiques entrent aussitôt en action : celle de la gravitation et celle du mouvement accéléré. Oui, non seulement le caillou tombe, mais au fur et à mesure de sa chute la vitesse s'accélère.

Transposons cette loi du mouvement accéléré dans le plan psychique. Toute pensée, tout sentiment, tout acte est comme un caillou que vous laissez tomber dans l'océan des énergies ; et le mouvement est irréversible, vous ne pouvez ni l'arrêter, ni le ralentir, au contraire, il va en s'accélérant. Cela explique pourquoi, si vous vous laissez aller à de mauvaises pensées et de mauvais sentiments, ou à des actes répréhensibles, vous êtes fatalement entraîné sur une voie de plus en plus dangereuse. Mais comme les lois par elles-mêmes sont neutres, elles fonctionnent pour le bien comme pour le mal. Donc, si vous prenez aujourd'hui une bonne résolution, elle obéira aussi aux deux lois de la gravitation et du mouvement accéléré. Vous décidez, par exemple, de ne plus vous mettre en colère à la moindre contrariété. C'est comme si vous laissiez tomber un caillou. D'abord il n'ira pas très vite, vous n'aurez pas la sensation d'avoir fait beaucoup de progrès ; mais après quelque temps il vous sera de plus en plus facile de vous maîtriser.

Quand elles se trouvent soudain plongées dans des situations inextricables, combien de personnes prennent conscience de leur ignorance, de leur faiblesse et se disent : « Si j'avais su !... » Elles auraient pu savoir, car toutes les conditions leur avaient été données à un certain moment pour apprendre, s'exercer, se renforcer. Mais elles ont négligé ces conditions, elles trouvaient que la vie spirituelle demande trop d'efforts, et d'autres activités, d'autres préoccupations leur paraissaient à ce moment-là plus importantes, et maintenant les voilà dans l'impasse.

Vous demanderez : « Et si nous avons laissé passer ces bonnes conditions, est-ce qu'il est trop tard pour remédier ? » Non, il n'est jamais trop tard, le chemin de la vie est long, infini, et d'autres conditions vous seront données dans cette existence ou dans une autre. Tâchez alors de ne pas les laisser passer, afin de ne pas avoir une fois de plus à vous dire : si j'avais su !...

Une personne vient vous confier son chagrin… Souvent, c'est moins pour que vous l'aidiez à trouver une solution que pour vous amener à partager son état. Mais si vous vous laissez envahir par sa souffrance, vous ne l'aidez pas, car vous êtes paralysé et vous risquez de vous enfoncer avec elle. Par votre sympathie, votre compassion, vous croyez pouvoir lui apporter l'apaisement ? Oui, pour un moment peut-être mais peu de temps après les plaintes recommencent, et cela peut continuer ainsi toute la vie. Cette personne sera satisfaite que vous soyez toujours là, prêt à partager sa souffrance, mais elle n'ira pas mieux pour autant. Et vous, dans quel état serez-vous ?

Si vous voulez être utile à quelqu'un, ne permettez pas que son trouble pénètre en vous. Restez lucide, paisible, solide, c'est la seule manière de le tirer de là. Vous ne pouvez l'aider qu'en opposant une certaine résistance.

La sagesse nous indique le chemin vers le haut, car ce n'est pas en bas, au ras du sol, qu'on acquiert une bonne connaissance des choses. Celui qui veut voir ce qui se passe dans la vallée doit monter sur un sommet ; une fois en haut, non seulement il voit, mais il est protégé, les ennemis ne peuvent pas l'atteindre. Si vous vous habituez à méditer sur l'image du sommet, un jour, vous arriverez à rejoindre Celui que les *Psaumes* appellent le Très-Haut. Alors, même au milieu de la tourmente, quelque chose en vous sera capable de demeurer là, sur les hauteurs où rien ne peut plus vous nuire.

La sagesse, la lumière tire les êtres vers le haut. Pour le moment, ce sont les chagrins, les difficultés, qui les font réfléchir et les rendent plus sages. Mais cette période passera, et un jour c'est la joie, le sourire et la gaieté qui accompagneront la sagesse.

Aimer sans attendre d'être aimé, mais aussi travailler sans attendre d'être reconnu et récompensé, voilà ce que vous devez arriver à réaliser. Comprenez qu'il n'y a pas pire entrave que cette attente d'être apprécié pour son travail. Vous attendez, vous attendez… et cette attente est paralysante, vous perdez votre élan. Or, l'être humain ne peut s'épanouir que dans l'activité, celle de son corps physique mais surtout celle de son cœur, de son intellect, de son âme et de son esprit.

En attendant une reconnaissance sous quelque forme que ce soit, ne sentez-vous pas que vous vous limitez, que vous vous assombrissez ? Agissez seulement parce que vous sentez que c'est utile et bon, c'est tout. N'attendez rien en retour, et vous vivrez dans la liberté et la lumière.

Au fur et à mesure des années, le principe destructeur s'insinue fatalement en l'homme. Il ne peut pas le vaincre, mais il peut tout de même ralentir son action et surtout apprendre à utiliser cette période de la vieillesse qui commence. Lorsqu'on perd ses forces et ses moyens physiques, il faut se dire que c'est le moment de rechercher d'autres occupations, d'autres sources de joie. Quelles que soient les conditions, il y a toujours quelque chose à faire, et si on est privé des énergies physiques, on doit chercher à s'intérioriser, à creuser en soi pour faire jaillir les énergies spirituelles qui, elles, sont inépuisables.

Si le principe qui fait grandir et s'épanouir les êtres ne rencontrait pas des oppositions, des obstacles, l'homme se perdrait. Oui, si la vieillesse et la maladie n'étaient pas là pour fixer des limites, combien de gens deviendraient des monstres ! Mais tous savent que leur chemin débouche sur une seule issue : la mort. Dans ce domaine, tous les hommes sont égaux. Donc, tous sont obligés de s'incliner, d'être modestes, de réfléchir, de s'assagir et de trouver, s'ils en sont capables, le chemin qui conduit à Dieu.

Hier, vous avez fait des efforts, et aujourd'hui vous devez recommencer, car aujourd'hui est un jour nouveau. Et ne dites pas que vous êtes fatigué. C'est chaque jour que nous devons tous faire des efforts, parce que c'est chaque jour que nous avons besoin d'une nourriture nouvelle. La nourriture d'hier était pour hier.

Dans le monde spirituel, chaque jour, tout doit être neuf, pur, lumineux. Comme le soleil, nous devons mettre chaque jour un vêtement nouveau. Le soleil d'aujourd'hui n'est pas celui d'hier ; ne voyez-vous pas qu'il a chaque matin un nouveau visage ? Ne voyez-vous pas qu'il met chaque matin une nouvelle chemise, un nouveau chapeau ?… Vraiment, je ne sais plus de quels mots, de quelles images me servir pour que vous me compreniez ! Dans cette lumière que nous absorbons toute neuve, toute fraîche, nous devons trouver des pensées, un amour, eux aussi tout neufs, merveilleusement neufs.

Quand vous êtes sûr de travailler pour une cause juste et noble, rien ne doit vous en détourner. Et surtout n'attendez pas l'approbation des autres, car vous ne ferez pas grand-chose : un jour ils vous approuvent, et quelque temps après, on ne sait pas pourquoi, ils vous critiquent.

Il y a dans l'existence des périodes de succès où on est reconnu, apprécié, et puis d'autres périodes arrivent où on est mis à l'écart. Celui qui n'est pas habité par l'idée de l'amour, du travail désintéressé, risque de tomber dans le découragement et l'amertume. Mais s'il connaît la loi, il se dit : « J'ai fait un travail dans le passé et, en le faisant, j'y ai gagné certaines qualités. Maintenant que les conditions sont nouvelles, je dois certainement faire un autre travail pour développer d'autres qualités. » C'est ainsi qu'il reste maître de la situation.

Quand vous chantez tous ensemble, dites-vous que vous avez non seulement la possibilité de faire un travail sur vous-même d'abord, mais aussi sur le monde entier. En effet, l'harmonie que vous créez se propage peu à peu et va influencer toutes les créatures dans l'espace.

Avec une philosophie individualiste, des recherches individualistes, est-ce qu'on peut former une chorale ? Non, on fait un solo, c'est tout. Tandis qu'à plusieurs, on fait une chorale. Travailler seul et seulement pour soi-même, c'est insuffisant. Bien sûr, chacun doit travailler individuellement – car une collectivité doit être formée par des individus bien développés – mais sans jamais perdre de vue l'intérêt de la collectivité. La nouvelle philosophie ne rejette pas l'ancienne, celle du perfectionnement individuel, mais le perfectionnement individuel doit toujours pouvoir servir au bien de tous. Vous n'y aviez peut-être pas pensé, et pourtant voilà : appartenir à une chorale nous donne une leçon pour la conduite de toute notre vie.

26 Septembre

Vous cherchez Dieu… Mais Dieu est infiniment grand, et vous n'arriverez pas à L'atteindre si vous ne commencez pas par vous occuper de l'infiniment petit. Et qu'est-ce que cet infiniment petit ? La cellule. Votre corps est fait d'une multitude de cellules, et chacune d'elles est une entité vivante, une petite âme avec son individualité propre. C'est pourquoi, au lieu de partir à la recherche de l'immensité où vous allez vous perdre, concentrez-vous sur ce peuple qui vous habite.

Parmi tous les exercices que vous pouvez faire, un des plus bénéfiques est de vous concentrer chaque jour sur vos cellules. Pensez comment les purifier, les fortifier, les illuminer, et vous sentirez que vous commencez à toucher la Divinité qui est Elle-même pureté, force, lumière.

Se promener avec ses soucis, ses chagrins inscrits sur le visage est un manque d'amour, c'est un fardeau que l'on place sur les épaules des autres. Vous trouvez que le monde n'est pas assez triste ? Pourquoi lui ajouter votre propre tristesse ?

Bien sûr, l'existence nous apporte chaque jour de quoi être chagriné, découragé, il est impossible de ne pas le ressentir, mais pourquoi le montrer ? Vous direz : « Mais comment ne pas montrer ce que l'on ressent ? » Quand vous rencontrez quelqu'un, vous ne pouvez pas faire l'effort de trouver un sujet de conversation ou même une anecdote amusante qui lui fasse du bien ? Riez ensemble ! En lui faisant du bien à lui, vous vous ferez aussi du bien à vous, car ce qu'il ressentira reviendra vers vous. Mais oui, là aussi agit la loi de l'écho dont je vous ai déjà si souvent expliqué les correspondances dans la vie spirituelle.

La lumière est à l'origine de toute chose, et la lumière, c'est le Christ, l'Esprit solaire. L'Esprit du Christ se manifeste d'abord dans la séphira *Hohmah,* la première gloire, le Verbe, dont saint Jean dit dans son Évangile que rien n'a été fait sans lui. Il se manifeste ensuite sous un autre aspect dans *Tiphéreth,* la séphira du Soleil.

Lorsque nous allons le matin contempler le soleil qui se lève, c'est avec son esprit que nous devons chercher à entrer en contact, car l'esprit du soleil est l'esprit du Christ, une émanation de Dieu Lui-même. Il ne suffit donc pas de regarder le soleil. Pour entrer véritablement en contact avec la quintessence de sa lumière, il faut que ce soit notre esprit qui entre en lui. Dès l'instant où notre esprit aborde aux rivages de la lumière, quelques particules de cette lumière pénètrent en nous et nous recevons la révélation de la splendeur divine.

Certaines statues de Bouddha le présentent occupé à regarder sa main droite. Mais ne fait-il que la regarder ? En réalité, lorsque Bouddha se concentre sur sa main, il entre en communication avec la grande main du Créateur, c'est-à-dire avec tout l'univers, avec les soleils, les étoiles, les nébuleuses. Et dans cette main du Créateur, c'est la Voie lactée qui représente la ligne de Saturne.

Si Bouddha se concentre sur sa main, c'est qu'une main n'est pas uniquement cet organe physique du toucher dont nous nous servons aussi comme un outil, un instrument : elle est imprégnée d'une matière fluidique grâce à laquelle elle communique avec les corps subtils de la nature. Comme Bouddha, celui qui se concentre sur sa main entre en relation avec l'univers. Il se sent lui-même dans la main du Créateur, nourri par les énergies qu'il reçoit du centre de cette main.

Vivre sans arrêt dans la joie, cela paraît impossible parce qu'on ne connaît pas la structure de l'être humain. Au-delà des corps physique, astral et mental, nous possédons encore trois corps supérieurs : les corps causal, bouddhique et atmique.* Ces trois corps nous mettent en relation avec le monde divin, et si nous arrivons à les développer, même les soucis et les chagrins ne peuvent plus altérer ou obscurcir ce que nous sommes en train de vivre dans les régions de la lumière.

C'est pourquoi chaque jour, par nos pensées, nos sentiments et nos actes, mais aussi par la méditation et la prière, nous devons nous efforcer de garder le lien avec le monde divin, afin de continuer à vivre dans notre âme et dans notre esprit. Et notre âme et notre esprit nous inspirent une tout autre façon de voir et de sentir les choses. Quand l'âme et l'esprit parlent en nous, tellement de peines s'effacent, tellement de souffrances aussi !… et elles se transforment même en paix, en sagesse, en compréhension du sens de la vie.

* Voir note et schéma, p. 372 et 373.

Vous devez toujours avoir dans votre pensée une place pour les autres. Car chaque fois que vous ne cherchez pas à agir aussi bien que vous le pourriez, il y a quelque part dans le monde quelque chose qui se trouve obscurci, compromis par votre faute. Et bien agir ne signifie pas nécessairement apporter une aide matérielle, non, mais penser aux conséquences que vos pensées, vos sentiments, vos actes, vos intentions peuvent avoir sur les êtres.

Il y a tellement de possibilités pour aider les humains ! Ce sont ces possibilités que vous devez trouver en sachant que rien de ce que vous faites de bon n'est perdu. Une fois que vous l'avez fait, n'y pensez plus, et surtout n'attendez rien en retour. Soyez comme le soleil qui éclaire, chauffe et vivifie toutes les créatures : il ne se demande pas si elles lui en sont reconnaissantes.

Combien de gens ont-ils conscience que dans les lieux qu'ils occupent, les murs, les objets, tout est imprégné de leurs émanations ? C'est le côté magique de la présence : chacun dépose sur ce qui l'entoure des couches qui sont bonnes ou mauvaises conductrices des influences célestes. S'il projette sans cesse des pensées, des paroles et des sentiments négatifs, les objets, comme des aimants, attirent certains courants obscurs et nocifs qui circulent dans l'univers. Et le contraire est vrai aussi : s'il entretient en lui des pensées et des sentiments de sagesse et d'amour, s'il prononce des paroles vivifiantes, il dépose de bons fluides sur les objets, qui deviennent des conducteurs de la lumière, de la joie, de la santé.

Alors, quand vous êtes chez vous, apprenez à toucher les objets avec amour, à les bénir en demandant aux entités célestes de venir les occuper. Dites : « Esprits de la lumière, de la pureté, de la vérité, je vous consacre ces objets. Qu'ils soient votre demeure. » Vous sentirez bientôt combien l'atmosphère autour de vous deviendra vivante, vibrante.

Quelle que soit la vie qu'il a menée, quelles que soient ses erreurs, quand arrive le moment de quitter la terre, chacun peut au moins s'efforcer de partir dans un esprit de paix, d'harmonie, de réconciliation avec tous les êtres, et particulièrement avec Dieu. Dans la religion chrétienne, c'est le sens de l'extrême-onction.

L'extrême-onction, ce sacrement que le prêtre administre au mourant, est fondée sur un vrai savoir : l'état intérieur dans lequel un être humain vit ses derniers moments détermine la voie qu'il va suivre dans l'autre monde, et il joue aussi un rôle important pour sa prochaine incarnation, donc pour son avenir lointain. Ce sacrement est seulement une possibilité qui lui est donnée de quitter la terre dans les meilleures conditions, mais comme tous les sacrements il n'est pas indispensable en tant que rite. Il est destiné à aider ceux qui le reçoivent, mais chacun peut vivre ses derniers instants dans la lumière sans avoir reçu ce sacrement.

L'enfant qui apprend à lire doit commencer par bien identifier les lettres de l'alphabet. Peu à peu, il devient capable de les reconnaître dans les mots qu'il rencontre, jusqu'au jour où il arrive à lire des phrases entières. De même, au cours de l'Initiation, le disciple passe par de nombreuses phases au cours desquelles il voit se dessiner et s'assembler les lettres du grand livre cosmique qui sont les éléments de la création.

Quand, au début de son Évangile, saint Jean écrit : *« Au commencement était le Verbe et le Verbe était avec Dieu et le Verbe était Dieu. Tout ce qui a été fait a été fait par Lui... »,* cela signifie qu'au commencement tous les principes de l'alphabet divin sont entrés en action : à tous les étages de la création, et jusque dans le plan physique, ils ont reproduit à l'identique les structures qu'ils avaient d'abord créées en haut. Tout ce qui existe dans le plan physique peut être considéré comme des mots, des phrases, des poèmes formés à partir des différents éléments du Verbe.

Vous allumez une bougie : le moindre souffle peut éteindre cette petite flamme. Mais allumez un brasier et les vents les plus violents ne feront que l'attiser. Alors, et vous ? Si vous n'êtes qu'une petite flamme, le plus léger souffle vous éteindra. Mais si vous êtes un brasier, plus fort soufflera le vent, plus votre feu va s'étendre. Oui, tant que vous êtes petit, faible, chétif, tant que vous n'êtes pas encore affermi, la moindre épreuve peut vous mettre par terre. Mais si vous êtes solide, résistant, toutes les difficultés ne feront qu'augmenter votre dynamisme, votre volonté, votre amour.

Combien de fois on l'a vu ! À la moindre contradiction ou opposition, les faibles se découragent, ils abandonnent, ils capitulent, tandis que les forts s'exaltent, ils sont encore plus décidés à continuer et à braver les obstacles. Alors, ne me demandez pas maintenant ce que vous êtes, vous pouvez le trouver vous-même : si vous êtes arrêté par les moindres difficultés de la vie, vous n'êtes encore que la flamme d'une bougie.

Quoi que leur disent les sages, les humains veulent faire leurs expériences et ils les font. Quelque temps après, quand ils ont été bien malmenés et déçus par la vie, enfin ils comprennent. À ce moment-là, ils veulent faire profiter les autres de ce savoir nouvellement acquis. Mais pourquoi les autres les écouteraient-ils ? Eux aussi veulent faire leurs expériences. Et voilà pourquoi la sagesse que les uns ont gagnée au prix de tant d'efforts profite si rarement aux autres.

Il faut que les humains aient été bien piqués et bien mordus par la vie pour admettre que les sages disent vrai. Les voilà donc à leur tour devenus sages. Mais ils ne sont pas nombreux, ceux qui chercheront à bénéficier de leur sagesse. C'est pourquoi chaque nouvelle génération répète les erreurs de la précédente. C'est vrai pour les individus, et c'est vrai aussi pour les sociétés. Qui veut vraiment tirer les leçons de l'Histoire ?

La matière de notre corps physique est compacte, résistante, rebelle, c'est pourquoi il est difficile d'agir sur lui pour le transformer. Mais il existe d'autres régions dans l'homme, les régions du sentiment et celles de la pensée, dont la matière subtile se prête plus docilement à un travail d'élaboration. Il suffit de quelques efforts pour rendre nos pensées et nos sentiments plus purs, plus beaux, plus riches. C'est donc par là qu'il faut commencer, et le corps physique suivra ; il suivra beaucoup plus lentement, bien sûr, mais il suivra.

L'important, c'est de savoir que dans la pensée, dans le sentiment, nous avons de grandes possibilités d'améliorer les choses. Même si ce travail ne donne pas des résultats immédiats et spectaculaires sur le corps physique, peu à peu lui aussi se transformera, parce que le travail intérieur sur les pensées et les sentiments finit toujours par agir sur lui.

Celui qui entreprend un travail à sa mesure, a quelques chances de réussir, et ce succès augmente sa confiance. Mais s'il se lance dans une entreprise qui le dépasse, il risque d'échouer et sa foi dans la vie diminuera. Voulez-vous renforcer en vous la foi ? Au lieu de vous engager à déplacer une montagne, déplacez les cailloux les uns après les autres. En renouvelant chaque jour vos efforts, pierre après pierre, vous arriverez à déplacer toute la montagne. C'est évidemment une image à interpréter.

Les humains veulent toujours se lancer trop vite dans de grandes entreprises, mais c'est une erreur. Vous voulez par exemple devenir chanteur : ne cherchez pas à vous produire tout de suite au Metropolitan Opera. Allez d'abord chanter devant un poulailler ; si les poules s'arrêtent de picorer pour vous écouter, c'est que vous avez du talent, vous pouvez espérer donner un jour des récitals. Mais si vous voulez commencer par le Metropolitan Opera, vous recevrez des tomates, et vous finirez par chanter devant quelques badauds dans un petit patelin. Pour réaliser de grandes choses, il faut commencer par les petites et persévérer.

Combien de croyants se posent, sur la volonté de Dieu, des questions vraiment naïves ! Ils s'imaginent qu'Il a une volonté particulière les concernant : le lieu où ils doivent habiter, la profession qu'ils doivent exercer… Est-ce qu'Il veut qu'ils se marient, qu'ils aient des enfants ou qu'ils restent célibataires pour se consacrer à Lui ?… Est-ce qu'Il leur demande de soutenir ou au contraire de combattre telle ou telle personne ?… En réalité la volonté de Dieu n'est pas, pour chacun, relative à une question particulière. Dieu veut seulement que l'homme étudie pour comprendre ses lois, qui sont les lois de la vie, et qu'il s'efforce ensuite de les mettre en pratique.

Bien sûr, chacun est personnellement concerné par la volonté de Dieu, mais il ne connaîtra ce que Dieu attend de lui qu'après avoir étudié la volonté divine dans son principe. Seul celui qui commence par se mettre en accord avec la volonté divine en tant que principe de sagesse et d'amour peut connaître vraiment ce que Dieu attend de lui.

Suivant les circonstances nous devons savoir nous montrer indulgents ou sévères. C'est sur cet équilibre qu'est fondée la vie en société. Quelles que soient les qualités qu'il possède par ailleurs, celui qui se montre toujours sévère ou toujours indulgent ne fait que compliquer les situations.

La fermeté et la douceur sont évidemment en opposition permanente l'une avec l'autre et on ne peut pas leur demander d'être autre chose que ce qu'elles sont. Toutes les deux sont nécessaires et pour bien les utiliser je peux vous indiquer une méthode. Au moment même où vous devez agir avec sévérité, éveillez en même temps l'indulgence dans votre cœur, sinon vous devenez dur, injuste. Et inversement, quand vous voulez manifester de l'indulgence à l'égard d'une personne, restez lucide et faites sentir à cette personne que vous ne vous laissez pas abuser, pour qu'elle ne s'imagine pas que vous êtes faible et qu'elle peut tout se permettre. Oui, il y a toujours un équilibre à trouver, et c'est cela qui est difficile.

Le pouvoir de l'homme réside dans les petits efforts renouvelés chaque jour. Malheureusement, c'est justement là qu'il capitule. De temps à autre, il peut être capable de se surpasser et d'accomplir des exploits. Mais vaincre chaque jour l'inertie, la paresse, se contrôler… que c'est difficile ! Et pourtant, la vraie puissance est là, dans la ténacité. Rien ne résiste à celui qui ne se laisse pas arrêter en chemin, car il déclenche de puissantes lois devant lesquelles les obstacles finissent par céder.

La plupart des gens concentrent toutes leurs énergies dans l'effort d'un instant et s'ils ne réussissent pas, ils renoncent, c'est pourquoi ils restent faibles. La force, la puissance ne s'acquièrent qu'avec de petits efforts renouvelés chaque jour. Si vous parvenez à travailler dans la continuité, vous saurez trouver le rythme convenable qui permet de gagner peu à peu du terrain, et quelles énergies vous recevrez pour poursuivre votre travail !

Du point de vue de la Science initiatique, le nombre 2 représente le 1 polarisé en positif et négatif, masculin et féminin, actif et passif. Dès qu'il y a manifestation, il y a partition, division. Dans le 1 il ne peut y avoir de création, car il ne peut y avoir d'échanges. Pour se manifester et se faire connaître, le 1 doit se diviser. L'unité est le privilège de Dieu Lui-même, son domaine exclusif. Pour créer, Dieu, le 1, a dû devenir 2.

Pour créer, Dieu s'est donc projeté hors de Lui-même en se polarisant, et l'univers est né de l'existence de ces deux pôles. Le pôle positif exerce une attraction sur le pôle négatif, et inversement. C'est ce mécanisme d'action et de réaction qui déclenche et entretient le mouvement de la vie. L'arrêt de ce mouvement entraînerait la stagnation et la mort, le retour à l'état d'indifférenciation originelle. Les premières lignes du livre de la *Genèse* révèlent que la création s'est opérée par séparations successives. Le premier jour de la création, Dieu sépara la lumière des ténèbres. Le deuxième jour, Il sépara les eaux d'en haut des eaux d'en bas. Le troisième jour, Il sépara les eaux de la terre ferme. Le 1 est une entité refermée sur elle-même. Pour sortir, cette entité doit devenir 2.

Vous cherchez le bonheur ? Alors, aimez, car seul l'amour apporte le bonheur. Oui, l'amour, pas la science, et pas même la philosophie. Ceux qui savent beaucoup, qui réfléchissent beaucoup, ne sont pas nécessairement heureux, car ce qu'ils découvrent n'est pas toujours réjouissant. Alors que ceux qui ont beaucoup d'amour dans leur cœur, même s'ils ne savent pas grand-chose, sont bien plus heureux. Pourquoi ? Parce que Dieu a placé le bonheur dans le cœur, et non dans l'intellect.

La science, les connaissances ne peuvent pas nous apporter le bonheur : elles préparent le chemin, elles l'éclairent, elles donnent une orientation, mais elles sont incapables de nous rendre heureux. Vous direz : « Mais il y a tellement de gens qui ont fait de l'amour des expériences malheureuses et même tragiques ! » Oui, parce qu'ils ne savaient pas où chercher l'amour et comment aimer. Alors, si vous voulez vraiment être heureux, apprenez à aimer.

Un projet personnel vous tient à cœur, vous sentez que sa réalisation sera utile, bénéfique non seulement pour vous mais pour d'autres personnes. Alors, ne l'annoncez pas partout à l'avance, exécutez-le, vous aurez ensuite assez de temps pour le présenter et le commenter. Pourquoi ces précautions ? Parce qu'autour de vous, comme en vous, des entités invisibles sont là, prêtes à vous faire obstacle en se servant de votre famille, de votre entourage ; et alors vous rencontrerez de grandes difficultés, ou même vous échouerez, tout simplement.

Autant qu'il est possible, attendez que certains de vos bons projets aient au moins un début de réalisation pour en parler. Quand ils auront commencé à prendre forme, ce sera comme un arbre bien enraciné que les vents ne peuvent pas abattre. Et cet arbre donnera des fruits que vous pourrez distribuer autour de vous.

Rien n'est plus difficile que de se prononcer sur la nature d'événements en train de se produire. C'est vrai pour ce qui nous arrive mais aussi pour ce qui arrive aux autres, car nous n'avons pas connaissance du passé. Par exemple, vous voulez aider un être à se libérer d'un vice qui le détruit, et qui nuit à son entourage, évidemment ; vous vous efforcez de le sortir de là, mais vous n'y arrivez pas… Alors, finalement, au lieu de vous désoler, dites-vous que, peut-être, ce vice dont il est la proie l'empêche de commettre des actes plus graves.

En effet, il existe des êtres foncièrement mauvais qui, dans une existence antérieure, ont commis des actes abominables, c'est pourquoi, dans cette existence-ci, les lois du karma les condamnent à rester esclaves d'une passion qui les détourne d'activités où ils pourraient se révéler plus dangereux encore. Entièrement pris par cette passion, ils sont comme chloroformés. Oui, il est très difficile d'interpréter les situations et les événements présents, parce qu'on ne connaît rien des événements du passé qui pourraient les expliquer.

Déménager, changer leurs conditions matérielles d'existence, c'est ainsi que les gens s'imaginent pouvoir résoudre leurs problèmes. En réalité ils sont comme ces petits oiseaux qui disaient un jour à leur mère : « Notre nid est devenu tellement sale ! Nous ne pouvons plus y rester ! Allons vivre ailleurs, dans un autre nid. – Bien, répondit la mère oiseau, je comprends votre dégoût, nous pouvons changer de nid. Mais est-ce que vous n'emporterez pas avec vous vos petits derrières ? »

Quand la terre commence à leur paraître invivable, les humains rêvent du Paradis. Mais si on les laissait entrer au Paradis, avec leur cœur et leur intellect pleins d'impuretés, ils en feraient bientôt un endroit repoussant. S'ils étaient purs, partout où ils iraient, ils emporteraient le Paradis avec eux. Alors, chaque fois qu'ils sont tentés de se plaindre des conditions extérieures, ils devraient commencer par chercher si ce n'est pas d'abord en eux qu'il y a quelque chose à changer.

Dans les *Psaumes,* il est dit que Dieu abaisse les orgueilleux et qu'Il élève les humbles. Quels sont ces orgueilleux ? Tous ceux qui, sous prétexte qu'ils ont quelques facultés intellectuelles, ne comptent que sur eux-mêmes. Ils ne reconnaissent pas l'existence d'une Intelligence supérieure qui gouverne l'univers, ils font uniquement confiance à leur cerveau limité ; c'est pourquoi ils seront abaissés, c'est-à-dire qu'ils seront privés de certaines facultés très précieuses. Tandis que ceux qui n'ont pas cette confiance absolue en eux-mêmes et qui disent au Seigneur : « Toi seul possèdes la lumière. Entre en moi, Seigneur, inspire-moi », ceux-là possèdent la véritable humilité. Grâce à cette humilité, leur esprit devient plus pénétrant, et les mystères de l'univers commencent à se révéler à eux.

L'orgueil est un défaut de l'intellect. Ceux qui comptent trop sur leur façon de voir et de comprendre sont des orgueilleux. Il ne leur vient jamais à l'idée qu'il peut exister de meilleurs points de vue sur les choses. Non, non, ils ont un raisonnement impeccable. Eh bien, il ne faut pas s'étonner si, avec les années, leur pensée s'appauvrit et se sclérose.

Quand Jésus disait : *« Mon Père et moi, nous sommes un »,* il résumait les plus grands arcanes de la religion. Et nous aussi, un jour, nous devrons être capables de prononcer les mêmes paroles.

Certains diront : « Oui, mais Jésus, ce n'est pas nous. Lui était le fils de Dieu, tandis que nous, pécheurs… » L'Église a voulu faire de Jésus l'équivalent de Dieu Lui-même, la deuxième personne de la Trinité, le Christ, un principe cosmique, mettant ainsi entre lui et les hommes une distance infinie. Mais est-ce la vérité ? Jésus, lui, n'a jamais dit une chose pareille, il n'a jamais prétendu qu'il était d'une essence différente des autres hommes. Il a dit qu'il était fils de Dieu, mais il n'a pas revendiqué pour lui seul cette filiation divine, il a aussi souligné la nature divine de tous les humains. Sinon, que signifieraient ces paroles : *« Notre Père, qui es aux cieux », « Soyez parfaits comme votre Père céleste est parfait »* et aussi : *« Celui qui croit en moi fera les œuvres que je fais, et il en fera même de plus grandes »* ?

De la façon la plus inattendue, il peut vous arriver de vous sentir soudain envahi par la lumière ; d'un seul coup vous avez l'impression d'être projeté très loin, très haut, dans votre Moi supérieur. Vous êtes ébloui de cette beauté, de cette immensité et il vous semble qu'à partir de ce moment-là plus rien ne pourra vous faire descendre de ces hauteurs. Malheureusement, cela ne dure pas. Vous êtes obligé de reprendre votre existence quotidienne et voilà les mêmes soucis, les mêmes tentations, les mêmes faiblesses. Vous vous sentez coupé de votre Moi supérieur, comme un fragment séparé, rejeté... Quelque temps après, à nouveau, vous sentez un éclaircissement, une illumination... Mais encore une fois, cela ne dure pas longtemps et vous commencez à vous décourager.

Non, vous ne devez pas vous laisser décourager par ces fluctuations de la conscience. Si vous persévérez dans votre travail spirituel, un jour, après tous ces hauts et ces bas, la lumière qui viendra vous visiter ne vous quittera plus. Vous aurez changé de rive, vous serez définitivement sauvé.

Quels que soient les événements, certaines personnes sont habituées à n'en voir toujours que le bon côté, alors que d'autres, au contraire, ne voient que le côté négatif. D'une certaine façon, les unes et les autres ont raison, mais leur façon de voir agit différemment sur elles.

D'un point de vue objectif, nous pouvons dire qu'un verre est à moitié plein ou à moitié vide, cela n'a aucune importance ; mais du point de vue subjectif, du point de vue de l'effet produit sur notre conscience, on peut dire aussi du point de vue magique, il y a une grande différence. Or, c'est le côté magique justement qui est essentiel. Si l'on s'habitue à voir les manques, les défectuosités, de plus en plus on va se montrer hargneux, aigri, découragé, parce que c'est ce qui arrive dès qu'on s'arrête sur les manques. Ces manques existent, c'est évident, mais la question n'est pas là ; la question, c'est de travailler avec tout ce que l'on a, et qui, si on veut bien le reconnaître, est immense, afin d'avancer de plus en plus dans la voie de l'évolution.

Si on explique aux humains où est le bien, ils sont parfaitement capables de comprendre. Mais expliquer, donner la lumière à leur intellect, cela ne suffit pas : il faut toucher d'autres fibres en eux, car si leurs sentiments et leurs désirs les poussent dans une direction différente, c'est là qu'ils iront.

Et même pour celui qui aime la lumière, qui désire la lumière, le plus difficile est encore à venir. Car il doit faire plier sa matière psychique devant cette lumière. Un moment, elle est docile et se laisse modeler, puis soudain elle résiste, se révolte et reprend le dessus. Alors, tout est à recommencer. Mais il ne faut pas se décourager car, peu à peu, cette matière psychique finit par céder. Du moment que la compréhension est là et que l'amour est là, la réalisation doit venir un jour. En tout cas, ce qu'il y a de sûr, c'est que sans la compréhension et sans l'amour, inutile d'espérer la moindre transformation.

Le scaphandrier qui descend travailler dans la mer a besoin d'une certaine quantité d'oxygène afin de faire un séjour prolongé sous l'eau. Pour recevoir cet oxygène, il est relié par des tuyaux à des aides en haut qui l'alimentent et qui, au moyen de câbles, sont prêts aussi à le retirer en cas de danger. Ce n'est qu'à cette condition qu'il peut faire son travail en toute sécurité.

Exactement comme les scaphandriers, les humains sont plongés dans un océan appelé le monde. Et non seulement leur âme et leur esprit ont du mal à y respirer, mais cet océan est rempli d'écueils et de monstres qui menacent de les dévorer. Ils ont donc besoin d'installer des tuyaux par où l'air viendra jusqu'à eux, et aussi des câbles pour qu'on puisse les faire remonter s'ils sont en danger. Ces tuyaux et ces câbles, c'est le lien qu'ils peuvent établir par la pensée avec les entités du monde divin. À la moindre alerte, ces entités sont averties, elles viennent leur donner l'air pur, ainsi que la lumière et la force grâce auxquels ils pourront continuer leur route.

Les différents royaumes de la nature, avec les créatures qui les peuplent, sont liés entre eux. Que nous en ayons conscience ou non, les êtres qui sont au-dessous de nous, comme ceux qui sont au-dessus de nous, sont liés à nous. Il existe une hiérarchie vivante dans la nature, et c'est grâce à elle, grâce au lien qui nous unit à tous les êtres supérieurs, que nous avons la possibilité de nous élever. Mais nous sommes aussi liés à tous les êtres qui sont au-dessous de nous : les animaux, les plantes, les pierres, et ce lien est extrêmement puissant.

Si nos pensées, nos sentiments et nos actes sont honnêtes et purs, nous recevons du Ciel des forces bénéfiques qui se déversent en nous à travers cette chaîne vivante et ininterrompue des créatures. Mais les courants divins ne s'arrêtent pas à nous, ils nous traversent et descendent jusqu'aux créatures situées au-dessous de nous, dans les règnes animal, végétal et minéral et également liées à nous. C'est ainsi que chaque état harmonieux que nous sommes en train de vivre influence bénéfiquement non seulement les humains autour de nous, mais tous ces frères et sœurs que sont aussi pour nous les animaux, les plantes et les pierres.

La vertu et le vice, la force et la faiblesse, la beauté et la laideur sont différents aspects du bien et du mal qu'on voit partout se manifester. Mais au lieu d'apprendre comment se comporter avec ces deux pôles de l'unité, les humains ne cessent de se demander pourquoi Dieu permet que le mal existe. Ils ne doivent plus se poser ce genre de questions, mais comprendre que le bien et le mal sont intimement liés, car en tant que pôles complémentaires, ils ont des affaires à traiter ensemble.

Notre existence sur la terre est tout entière conditionnée par l'alternance des jours et des nuits, et cette alternance qui règle la vie de toute la nature, règle aussi notre vie physique ainsi que notre vie psychique. Nous ne saurions pas ce qu'est la lumière si les ténèbres n'existaient pas, ni ce que sont la sagesse, la justice, la beauté, la joie, si nous n'étions pas obligés de nous heurter à la sottise, à l'injustice, à la laideur et à la tristesse. C'est de la comparaison et de la confrontation que naît la compréhension. Si les contraires n'existaient pas, nous vivrions dans l'indifférenciation.

Dans l'Arbre séphirotique, le pilier de gauche, le pilier de la Rigueur, représente le principe féminin dans la création, et au sommet de ce pilier se trouve la séphira Binah dans laquelle Dieu Se manifeste sous le nom de Jéhovah. C'est Lui, le Dieu terrible qui s'est révélé à Moïse. Tout l'Ancien Testament retentit de ses colères, de ses menaces et des malédictions qui devaient frapper les humains jusqu'à la quatrième génération.

Vous vous demandez : « Mais comment ce Dieu terrible peut-Il être une puissance féminine ? » Parce que cette puissance féminine représente la nature. Vous comprendrez mieux cette idée si vous réfléchissez à ce qu'est réellement la nature : une mère implacable. La nature a créé des lois, et si vous les transgressez, vous tombez d'une façon ou d'une autre sous le coup d'une sanction ; et même, par voie de conséquence, cette punition frappera vos enfants et vos petits-enfants. Prenons un exemple parmi les plus connus : l'alcoolisme. Celui qui fait des excès d'alcool non seulement porte atteinte à sa santé physique et psychique, mais il transmet à sa descendance une hérédité chargée. Il en est de même pour d'autres excès, pour d'autres transgressions. Voilà, c'est clair.

Combien de gens se plaignent des mauvaises conditions dans lesquelles ils sont obligés de vivre ! Ils se sentent victimes de la destinée, de la société, de leur patron, de leur famille même… Non, il faut qu'ils sachent qu'ils sont d'abord les victimes d'eux-mêmes : par les pensées et les sentiments qu'ils ont eus dans leurs incarnations précédentes, par les actes qu'ils ont commis, c'est eux qui, consciemment ou inconsciemment, ont créé leurs conditions actuelles d'existence. Qu'ils changent de conduite, d'état d'esprit, et les conditions changeront dans leur prochaine existence, et même aussi, déjà, dans leur existence actuelle.

Oui, d'après votre attitude les conditions peuvent changer dès maintenant. Tant que vous pensez que les facteurs extérieurs, matériels, sont déterminants et que vous ne faites rien pour améliorer quelque chose en vous, vous continuez à attirer les mêmes conditions déplorables. Mais si vous mettez à la première place l'esprit, la lumière, la force, les conditions finiront par se modeler d'après ces principes divins. Puisque ce qui est en bas est comme ce qui est en haut, avec le temps ce qui est en haut finira par se réaliser aussi en bas.

Pour gagner l'estime du Ciel, il faut souvent renoncer à être reconnu sur la terre, c'est vrai. Mais quelle importance ? Jusqu'à quand dureront ces louanges et ces honneurs ? Même si vous êtes admiré, loué, fêté par des millions de gens, bientôt ils quitteront la terre, et vous aussi…

Combien d'efforts et de sacrifices les humains sont capables d'accepter pour gagner l'opinion ou les faveurs des autres ! Et même s'ils y réussissent pendant quelque temps, il arrive souvent qu'un événement renverse la situation et tout est perdu. S'ils faisaient les mêmes efforts, les mêmes sacrifices pour une idée divine, non seulement ils ne perdraient rien, mais ils gagneraient chaque jour quelque chose de précieux. Car qu'est-ce qu'une idée ? La représentante de tous les esprits lumineux dans l'univers. Quand vous servez une idée divine, ce sont tous ces esprits que vous servez aussi. Et eux, en retour, à travers cette idée ils sont là pour vous soutenir.

Imaginez un paysan qui, au lieu de semer son blé dans le champ, déciderait de le garder au grenier... les souris finiront par venir le grignoter, ou bien il moisira, et vous trouvez ce paysan stupide. Eh bien, on peut trouver tout aussi stupides ceux qui ne pensent pas à partager leurs possessions matérielles ou spirituelles : d'une façon ou d'une autre, ils les perdront. Combien de gens riches n'éprouvent plus aucune joie des richesses qu'ils possèdent ! C'est donc d'une certaine façon qu'ils les ont perdues. Et ils les ont perdues parce qu'ils n'ont pas su les partager.

Nous ne possédons vraiment que ce que nous sommes capables de donner. Oui, et je vous dirai même que tout ce que vous décidez de donner de bon et de beau venant de votre âme et de votre esprit est déposé dans les banques célestes. Alors, le jour où vous avez besoin d'être aidé, soutenu, vous n'avez qu'à vous présenter, la banque vous reconnaît et on vous donne ce que vous demandez.

Vous possédez un champ. Si vous y semez en même temps de bonnes et de mauvaises semences, les deux pousseront ensemble, car la terre alimente toutes les graines. Vous ne pouvez pas lui dire qu'elle est stupide, qu'elle devrait étouffer les mauvaises graines et ne laisser pousser que les bonnes, car elle vous répondra : « Je ne comprends pas ce que tu racontes. Je protège et je fais croître toutes les semences. Pour moi tout est bon, même le mauvais est bon. »

Si vous lancez de bonnes pensées, la nature va les alimenter, les fortifier, et la moisson sera magnifique ; mais elle alimentera aussi vos mauvaises pensées, car les mauvaises graines ont également la liberté de pousser. Jusqu'à quand? Jusqu'à la moisson. À ce moment-là, le maître du champ donnera l'ordre de jeter au feu les herbes nuisibles et de remplir le grenier avec le bon grain. C'est ce que Jésus a enseigné dans la parabole de l'ivraie et du froment. Il savait que le mal comme le bien a le droit de pousser, et que c'est à l'homme de ne pas semer le mal.

Vous dites que vous avez compris l'enseignement de la Fraternité Blanche Universelle et que vous êtes convaincu de sa valeur. Mais sachez que pour cela, il y a trois conditions à remplir.

D'abord, vous devez accepter une idée qui est au-dessus de toutes les autres idées : que l'humanité tout entière peut former un jour une seule famille dans laquelle régneront le bonheur, la joie, la liberté, la lumière et la paix. Ensuite, cette idée, vous devez l'aimer d'un amour désintéressé, c'est-à-dire n'y mêler aucune intention de profit, de satisfaction personnelle, de domination des autres. Car dès que des éléments égoïstes, personnels entrent en jeu, ils portent en eux les germes de tous les conflits et de la dislocation. Enfin, cette idée, qui est dans le cœur sous forme d'amour désintéressé, vous devez la faire descendre dans le plan physique, c'est-à-dire la manifester par des gestes, des attitudes, un comportement appropriés.

Regardez combien c'est simple ! Cette idée qui est tellement lumineuse, tellement grandiose et bénéfique pour le monde entier, en l'aimant d'un amour dépourvu de tout élément de cupidité ou de calcul, il vous reste à la réaliser dans vos actes.

31 Octobre

Un adulte a chaque jour des décisions à prendre et pour cela il est obligé de réfléchir en pesant le pour et le contre. Au contraire, l'enfant, qui n'est pas encore capable de raisonner et de comprendre, doit seulement faire ce que les adultes lui demandent, il n'a pas à se poser de questions pour décider si c'est bon pour lui : il comprendra plus tard. La démarche de l'enfant est donc l'inverse de celle des adultes. L'enfant qui voudrait tout d'abord comprendre le bien-fondé de ce qu'on lui demande ne ferait jamais rien. Il doit obéir en se fiant à l'expérience des adultes qui ont déjà compris avant lui. Grâce à cette confiance il facilite son processus personnel de compréhension.

C'est en agissant d'après les directives des adultes, que ce soient les parents, les éducateurs ou d'autres personnes aussi, que les enfants ont la possibilité de se développer. Mais il faut que ces adultes, conscients de leurs responsabilités, soient très attentifs aux conseils et aux ordres qu'ils donnent aux enfants.

Parce qu'ils vont à l'église ou récitent des prières, beaucoup de croyants s'imaginent entrer directement en relation avec le Seigneur. Comme si c'était si facile !... Pour prétendre toucher directement le Seigneur, il faut vraiment ne pas savoir qui Il est ! Je ne dis pas qu'on n'arrive pas à atteindre quelque chose de Lui, mais en tout cas ce n'est certainement pas Lui dans sa plénitude, son immensité. Entre nous et le Seigneur, il y a tout un chemin à parcourir, un espace tellement vaste qu'il est impossible à concevoir ; et cet espace n'est pas vide, il se compose de régions habitées par des entités spirituelles. Toutes les religions ont mentionné d'une façon ou d'une autre l'existence de ces régions et de ces entités.

La tradition chrétienne, qui reprend la tradition juive, enseigne l'existence de neuf ordres angéliques : les Anges, les Archanges, les Principautés, les Vertus, les Puissances, les Dominations, les Trônes, les Chérubins, les Séraphins.* Ces ordres angéliques sont chacun un aspect de la puissance et des vertus divines. Pour notre bon développement spirituel, il faut que nous connaissions l'existence de ces entités célestes, car elles sont comme des phares sur le chemin qui nous conduit vers Dieu.

* Voir tableau et note, p. 374-376.

Il est toujours intéressant de connaître les pratiques funéraires des temps passés, ainsi que ce qu'il en reste actuellement, et de comprendre leur signification. Mais pour aider un mort dans l'au-delà, ces pratiques ne sont pas essentielles. L'essentiel, c'est la vie que l'homme lui-même a menée sur la terre. Ensuite, qu'on l'ensevelisse avec des objets, qu'on fasse des cérémonies, qu'on dise des prières pour lui, c'est certainement une aide, un soutien, un réconfort pour son âme, mais le pouvoir de ces rites est limité.

Ce qui aide véritablement un être humain qui quitte la terre pour l'autre monde, ce sont les vertus qu'il a pratiquées pendant son existence. Alors, sachez-le, si vous avez vécu en harmonie avec l'Esprit cosmique, avec les lois de toute la nature vivante, quoi que l'on fasse de votre corps après la mort, et quoi qu'il arrive à ce corps, une lumière vous accompagnera parmi les ombres de l'au-delà.

Vous avez besoin de quelqu'un pour vous rappeler sans cesse qu'il y a des efforts à faire. Si vous devez attendre l'inspiration pour vous mettre au travail, vous ne ferez pas grand-chose. L'inspiration est une grâce dont on ne sait pas quand elle va se manifester. Pour les grandes entreprises, sans doute pouvez-vous attendre l'inspiration afin de prendre les meilleures décisions ; mais pour continuer à progresser dans la vie de tous les jours, la volonté doit être là constamment mobilisée. Et pour cela, vous avez besoin de quelqu'un, dans le monde visible ou dans le monde invisible, qui vous rappelle combien d'efforts et d'exercices vous devez faire.

Et que mon insistance ne vous choque pas ! Si vous n'avez pas assimilé des vérités élémentaires, si vous ne les appliquez pas, comment puis-je vous entraîner plus loin ? Je pourrais vous faire aujourd'hui des révélations sublimes, mais demain il n'en resterait plus aucune trace puisque vous négligez les vérités essentielles. Prenez donc trois ou quatre vérités pour les approfondir, et vous pourrez ensuite ajouter chaque jour de nouvelles richesses.

Selon une tradition, lorsque le Créateur plaça Adam et Ève dans le Paradis terrestre, Il confia à Adam le soin des animaux et à Ève celui de la végétation. Voilà pourquoi, vivant parmi les fleurs, Ève avait fini par dégager elle-même un parfum de fleurs. Mais au moment du premier péché, elle perdit ce pouvoir. Avant la chute, toutes sortes de parfums délicieux émanaient d'elle, parce qu'elle possédait les qualités et les vertus qui se manifestent dans le plan physique sous forme de parfums. En effet tous les phénomènes psychiques ont leur correspondance dans le monde physique : un parfum est l'expression physique d'une vertu, une odeur nauséabonde est l'expression physique d'un vice.

Et maintenant, si les femmes éprouvent un tel besoin de se parfumer, c'est en souvenir de ce don d'exhaler naturellement des parfums qu'elles possédaient quand elles vivaient au Paradis. Mais se parfumer n'est pas la meilleure méthode. Se parfumer, se maquiller même, n'est pas répréhensible, mais si les femmes apprenaient à développer certaines qualités et vertus, elles n'auraient plus besoin d'artifices : elles retrouveraient leur vrai parfum, elles retrouveraient leur beauté des origines.

On a besoin d'argent pour vivre, c'est évident, mais pas en tellement grande quantité. Ce sont les impulsions de leur nature inférieure : la sensualité, l'ambition, la volonté de puissance qui rendent les humains tellement avides et cupides. Leur nature supérieure, elle, ne réclame pas d'argent. La nature supérieure a seulement besoin de liberté, d'infini, de splendeurs célestes que l'argent ne peut pas donner. Pour l'âme et l'esprit, l'argent est inutile, il n'a aucun pouvoir de dissiper les ténèbres intérieures.

Alors, étudiez-vous bien, et sachez que si l'argent compte beaucoup pour vous, c'est que vous êtes dans les griffes de votre nature inférieure. Pour vous en échapper, cherchez la lumière, l'élargissement de la conscience, l'amour pour le Seigneur. Quand vous cherchez la lumière, déjà vous avez de l'or, oui, de l'or dans les banques spirituelles, et grâce à cet or vous pourrez « acheter » tout ce que vous souhaitez de meilleur dans les magasins célestes.

Tant que nous serons sur la terre, nous devrons affronter toutes les manifestations du mal ; il est inutile de chercher à le supprimer, nous n'y arriverons pas, et ce n'est pas à nous de le faire. Notre tâche à nous, c'est d'être vigilants et de nous renforcer. S'il y a des méchants, s'il y a des esprits mauvais, c'est que le Créateur accepte leur existence, et nous devons l'accepter aussi. Ils ont le droit de chercher à nous nuire, et nous, nous avons non seulement le droit mais le devoir de nous protéger. Si nous ne nous protégeons pas et que nous sommes leurs victimes, nous ne devons nous en prendre qu'à nous-mêmes.

Vous direz : « Mais si je me confie à Dieu, si je L'aime, Il me protégera. » Non, si vous ne savez pas discerner d'où peut venir le mal, afin de vous mettre à l'abri, même votre amour pour Dieu ne vous sauvera pas. Dieu vous dira : « Tu M'aimes ? C'est très bien, mais pourquoi veux-tu que ce soit Moi qui fasse tout le travail ? » Ni votre amour, ni toutes vos bonnes qualités ne vous mettront à l'abri si vous n'avez pas au moins appris à ouvrir les yeux pour reconnaître d'où vient le danger.

Un jour, à la suite d'une lecture ou d'une rencontre, vous décidez de changer d'existence et d'embrasser la vie spirituelle. Mais ce n'est pas pour cela que vous allez facilement laisser de côté vos préoccupations matérielles : l'argent, la position sociale, les honneurs, le pouvoir... Il faut que vous en soyez conscient et que vous vous observiez attentivement, sinon vous ne comprendrez pas les vérités de la Science initiatique, vous n'aurez pas une idée claire du chemin à suivre, et vous ne ferez aucun progrès.

Évidemment, puisque vous êtes sur la terre, personne ne peut exiger de vous que vous abandonniez toute ambition ou tout désir de possession, mais vous devez chercher à les accorder avec la vie spirituelle. Pour cela il y a une question essentielle à régler : celle des buts et des moyens. Au lieu d'avoir pour but l'argent, les pouvoirs, la gloire, et d'utiliser la Science initiatique comme moyen d'y parvenir, vous devez faire l'inverse : avoir pour idéal la vie divine et mettre à son service tout ce que vous possédez comme facultés, fortune, situation sociale. À ce moment-là, oui, vous progresserez vraiment.

À combien d'hommes et de femmes dans le monde on donne le nom d'artistes ! Et en effet ils composent, ils écrivent, ils peignent, ils chantent, ils jouent, ils dansent... Mais eux, eux, profondément, que sont-ils ? Du point de vue de la Science initiatique, l'artiste véritable est celui qui veut que la beauté et l'harmonie de la création passent à travers lui, se reflètent à travers lui. C'est pourquoi il prend sa propre chair comme matière à sculpter, comme toile à peindre ; et son ciseau ou ses pinceaux sont ses pensées et ses sentiments.

La beauté est une réalité vivante dont la source reste cachée au plus profond de l'être et qui, lorsqu'elle jaillit, imprègne le corps entier, la peau, le regard, le sourire et même la voix. Mais seules les pensées lumineuses et les sentiments d'amour désintéressé peuvent vous donner cette beauté. Et alors, partout où vous allez, vous laissez sur votre passage le parfum des fleurs qui s'ouvrent et des fruits qui mûrissent dans le jardin de votre âme.

Avant de vouloir guider les autres sur le chemin de la lumière, il faut commencer par s'instruire, car si l'on n'a pas fait de bonnes études, il est très facile de commettre des erreurs. Les connaissances que donne la science officielle sont dans certains cas absolument nécessaires, et c'est particulièrement vrai pour la médecine.

Il existe des personnes qui, grâce à la pratique de certaines vertus et un amour immense pour les humains, ont acquis un magnétisme qui leur permet de soulager leurs maux, c'est certain ; mais ces personnes sont rares. Celui qui veut soigner les gens, doit commencer par faire des études, sinon il risque d'aggraver leur état. Je ne dis pas que la médecine officielle soit idéale, car dans ses investigations elle ne va souvent pas au-delà du corps physique, mais les connaissances qu'elle donne sont indispensables. Si on veut ensuite aller plus loin et orienter ses recherches dans des domaines plus subtils, plus spirituels, c'est très bien, mais il ne faut jamais se mettre à soigner les gens sans avoir fait préalablement des études.

Quand vous vous sentez angoissé, tourmenté, liez-vous au Ciel, priez. Car ces angoisses, ces tourments sont les manifestations d'entités malfaisantes qui voulaient vous nuire. Mais dès l'instant où vous vous liez au Ciel, elles se disent : « Cet être utilise l'arme la plus redoutable que nous connaissions », et elles ont peur, elles tâchent de s'enfuir. Quand un homme prie sincèrement, il utilise les armes de la lumière, et aussitôt une cohorte invisible s'approche : on entend le frémissement des ailes angéliques et la déroute des entités ténébreuses qui se dépêchent de disparaître, car elles savent qu'elles seront brûlées, pulvérisées.

Les esprits du mal n'ont peur que d'une chose : la lumière. Voilà pourquoi à chaque heure difficile, dangereuse, vous devez immédiatement vous lier au Créateur et augmenter en vous la lumière. À ce moment-là, tous les êtres inférieurs qui vous menacent seront neutralisés, paralysés ou chassés.

Prendre conscience du commencement d'un processus, rien n'est plus important, et cette vérité est valable jusque dans des domaines dont vous n'avez même pas idée.

Prenons un exemple : la guerre. Quand une guerre éclate, on peut en préciser la date. Oui, mais elle se préparait depuis des années, et c'était là son commencement, bien avant que les hostilités ne se déclenchent. Et qu'est-ce que le vrai commencement pour une guerre ? La période de fabrication des bombes. Le jour où on les lâche, c'est déjà la fin. On ne peut pas dire à la bombe : « Je t'en prie, ne va pas tomber sur des innocents, sur des êtres que nous aimons », car elle répondra : « Durant des mois, vous m'avez longuement préparée en sachant très bien ce que vous faisiez et je vous écoutais. Vous ne voulez pas me voir faire des dégâts ? Alors il ne fallait pas me fabriquer. Maintenant, c'est mon tour d'agir. » Et vous n'êtes plus maîtres de la situation.

Alors que les humains sont capables de comprendre beaucoup de choses quand il s'agit de la vie matérielle, quand il s'agit de la vie intérieure, de la vie psychique, là ils ne sont pas aussi perspicaces. Regardez : ils tâchent de s'instruire, de passer des examens pour obtenir des diplômes qui leur permettront de s'élever dans l'échelle sociale ; ils savent qu'ils auront ainsi plus de prestige, plus d'argent, plus de loisirs. Mais pourquoi ne comprennent-ils pas qu'il existe les mêmes lois dans le domaine psychique, dans le domaine spirituel ? Là aussi existe une organisation, une hiérarchie, et quand ils s'efforcent de se dépasser pour remporter des victoires sur eux-mêmes, ils reçoivent des diplômes et des insignes grâce auxquels les esprits supérieurs les reconnaîtront et les accueilleront parmi eux.

Tout ce qui existe dans le monde visible n'est rien d'autre qu'un reflet, une répétition de ce qui se passe en haut, dans le monde invisible. Donc, cet effort que font les humains pour s'élever dans la vie sociale, le disciple, instruit de la réalité des choses, doit le faire pour s'élever dans le monde spirituel, en se disant : « Moi aussi je veux m'élever, moi aussi je veux me distinguer. » Et il étudie, il fait des exercices, il se renforce, il arrive à vaincre ses faiblesses, et tous ses succès s'inscrivent sur lui.

Nous pouvons accepter une épreuve, nous pouvons la comprendre, mais en même temps éprouver de l'amertume, de la tristesse, du regret : nous pensons que ç'aurait été tellement mieux de ne pas avoir à la subir ! Dans ce sens, on peut dire qu'elle n'est pas encore terminée.

Quand peut-on dire qu'une épreuve est terminée ? Quand nous sommes capables de nous en réjouir. Il est possible qu'en apparence elle ne nous ait rien apporté, mais encore qu'elle nous ait fait perdre beaucoup de choses, et même des êtres qui nous sont chers. Pourtant, après cette épreuve nous sentons que notre lumière, notre amour, notre force ont augmenté, et la paix et la joie nous envahissent. C'est à ce moment-là seulement que nous pouvons dire que nous avons surmonté l'épreuve.

La bouche a deux fonctions essentielles : la nutrition et la parole. La nourriture entre dans notre bouche et la parole en sort. Mais n'y a-t-il pas une relation entre la nourriture et la parole ? Si, et cette relation est particulièrement claire dans la figure du Christ. Le Christ, c'est le Fils, la deuxième personne de la Trinité, le Verbe créateur proféré par le Père. Et il se manifeste également comme nourriture, lorsque Jésus dit : *« Je suis le pain vivant descendu du ciel. Si quelqu'un mange de ce pain, il vivra éternellement. »* Ou encore, au moment de la Cène, quand il donne le pain et le vin à ses disciples en disant : *« Prenez, mangez, ceci est mon corps... Buvez, ceci est mon sang. »*

On peut même trouver dans les *Évangiles* un passage où le pain est clairement identifié à la parole. Quand, après avoir jeûné quarante jours dans le désert, Jésus eut faim, le diable vint le tenter en lui suggérant de transformer des pierres en pain. Mais Jésus le repoussa en disant : *« L'homme ne vivra pas seulement de pain, mais de toute parole qui sort de la bouche de Dieu. »* Dans le plan spirituel, le Christ est le Verbe de Dieu, il est lié à Dieu comme la parole est liée à celui qui la prononce ; et dans le plan physique, il est le pain.

Combien de gens rejettent la religion et la morale parce qu'elles prêchent le renoncement, le sacrifice, et qu'ils n'ont aucune envie de renoncer et de se sacrifier ! Mais pourquoi ? Parce qu'ils n'en ont pas encore bien compris la signification ni les bénéfices qu'ils peuvent en retirer.

Le renoncement n'est pas une privation. Renoncer, c'est seulement se déplacer, c'est-à-dire faire dans un plan supérieur ce qu'on faisait jusque-là dans un plan inférieur. Par exemple : au lieu de continuer à boire l'eau des marécages où pullulent des microbes, symboliquement parlant, vous vous habituez à boire l'eau d'une source pure et cristalline. Ne pas boire, c'est la mort. Celui qui dit : « Je ne boirai plus » se dessèche et meurt. C'est l'eau des égouts qu'il doit renoncer à boire, afin de boire l'eau céleste.

Pourquoi est-il si dangereux de chercher à avoir accès au monde spirituel si on ne s'est pas préalablement purifié ? Parce qu'il ne s'agit plus là seulement de connaissances destinées à l'intellect : on aborde le domaine de la Science initiatique qui touche la totalité de l'être humain, ses ressorts les plus intimes, son âme et son esprit.

Travailler avec l'âme et l'esprit, c'est travailler avec les deux principes créateurs, et donc toucher les entités, les courants les plus puissants de l'univers. Et si, intérieurement, la voie n'est pas libre, si ces courants rencontrent des impuretés, ils brûlent tout sur leur passage. C'est un incendie terrible qui peut produire les pires perturbations dans l'organisme psychique et même dans l'organisme physique : la sensualité débridée, le dérèglement mental, ainsi que des troubles physiologiques dans le cœur et le cerveau. Ceux qui veulent atteindre les régions de l'âme et de l'esprit, les régions de la lumière et de l'amour divins doivent être inspirés par le plus haut idéal, par le seul besoin de se perfectionner et de servir la volonté de Dieu.

Si on s'en tient à l'apparence, on peut dire que les humains sont sages, raisonnables – ou presque : ils appliquent certaines règles, ils s'efforcent de respecter les lois qui régissent la société, car ils savent que s'ils les transgressent, ils auront affaire à la justice. Mais intérieurement, avec leurs pensées et leurs sentiments qui échappent aux yeux du monde extérieur, que font-ils ? Ils chapardent, ils détruisent, ils massacrent, et ensuite ils ne comprennent pas pourquoi ils sont malheureux, faibles, malades.

S'ils voulaient bien s'arrêter un moment pour s'analyser avec bonne foi, ils seraient obligés de reconnaître qu'à tel ou tel moment ils ont toléré en eux des pensées et des sentiments très négatifs ; ils ignoraient que les pensées et les sentiments ont aussi des conséquences, et c'est la raison pour laquelle ils sont maintenant dans un état pitoyable. Ils savent que pour les paroles et les actes répréhensibles, il y a des tribunaux. Mais pour les mauvaises pensées et les mauvais sentiments, ils ignorent qu'il y a aussi des tribunaux et que ces tribunaux sont en eux. Rien de ce que vit l'homme intérieurement ne reste sans effet. Qu'il nourrisse des pensées et des sentiments généreux, désintéressés, et il verra aussi les résultats.

Combien de personnes sont venues me confier qu'en découvrant notre Enseignement elles se rendaient compte qu'elles avaient passé l'essentiel de leur vie dans des futilités ! Et alors, maintenant qu'elles avaient un certain âge, elles sentaient que même si elles essayaient de prendre une autre orientation, c'était trop tard, jamais elles ne rattraperaient le temps perdu. Évidemment, quand la vieillesse approche, c'est un peu tard. Mais il n'est pas trop tard, il n'est jamais trop tard. Le pire serait de passer dans des regrets le temps qu'il leur reste à vivre. Il y a toujours un moyen de redresser intérieurement la situation.

Pour ceux qui ont la sensation d'avoir gaspillé leur vie, c'est l'occasion de faire un retour sur eux-mêmes, sur tous les événements de leur existence, pour en tirer une leçon. Une fois la leçon tirée, qu'ils mettent en œuvre tout ce qui leur reste d'amour, d'intelligence, de volonté, pour donner à leur vie ce sens qu'ils n'avaient pas encore su trouver.

Avant d'être arrêté par les hommes des principaux sacrificateurs, Jésus emmena ses disciples dans le jardin de Gethsémani. Il faisait déjà nuit et il leur dit : *« Veillez et priez afin de ne pas tomber en tentation ; l'esprit est ardent, mais la chair est faible. »*

« Veillez et priez » : au cours de l'histoire beaucoup de chrétiens ont fait de cette demande de Jésus à ses disciples une règle de vie quotidienne. Alors, les pauvres, ils se forçaient à s'éveiller en pleine nuit pour réciter des prières, ils s'exténuaient à lutter contre le sommeil et finissaient par perturber les rythmes naturels de leur corps. Ce n'est pas ce qu'a demandé Jésus. Il faut dormir pour laisser le corps se reposer. « Veillez » est un précepte qui concerne avant tout le plan spirituel. Veiller, c'est se lier par la pensée avec Celui qui en nous ne dort jamais. Ce Veilleur éternel se trouve entre les deux sourcils, c'est là sa demeure. Il voit tout, il enregistre tout, il comprend tout. Et c'est seulement quand nous aurons réussi à nous unir à lui que nous observerons correctement le précepte de Jésus : « Veillez ».

Faites chaque jour quelques-uns des nombreux exercices que je vous ai donnés ; grâce à eux, vous irez très loin, vous ne devez avoir aucun doute à ce sujet. Cessez donc de douter et de vous demander : « Mais est-ce que ça vaut la peine ? N'est-ce pas du temps perdu ? » Ce n'est pas que je craigne vos doutes, non, car je sais qu'un jour ou l'autre vous serez obligé de découvrir l'utilité de ces exercices. C'est pour vous que le doute est nuisible.

Parmi ces exercices, il y en a un que vous devriez pratiquer le plus souvent possible. Quand vous avez quelques minutes de libres, essayez de faire le silence en vous et projetez votre pensée le plus haut possible, en laissant toute autre préoccupation de côté. Plus tard, dans les moments difficiles, vous comprendrez l'utilité de pouvoir dégager votre pensée pour la diriger vers les hauteurs, vers la lumière. Car, par la pensée, on peut désagréger le mal en soi-même et autour de soi.

C'est une réalité que nous sommes obligés d'admettre : dans quelque domaine que ce soit, l'équilibre vient de ce qu'il existe deux principes opposés et complémentaires, les principes masculin et féminin. C'est pourquoi la tendance actuelle à l'uniformisation des hommes et des femmes dans leur manière d'être, de se vêtir, ainsi que dans leurs occupations, a quelque chose d'inquiétant. Lorsque toute polarité a disparu, c'est la mort d'une génération. Il ne peut pas y avoir d'étincelle, il ne peut pas y avoir de vie si les deux pôles, les deux électrodes, ne sont pas nettement distincts.

Il est tout à fait normal que la femme désire avoir les mêmes libertés que l'homme et puisse faire preuve d'autant d'initiative, mais elle peut y parvenir sans imiter l'homme, sans vouloir prendre sa place ou même l'éliminer. La liberté, l'audace, l'esprit d'initiative sont des qualités que les femmes peuvent développer, oui, mais tout en approfondissant en elles ce qui fait l'essence du principe féminin.

Quoi qu'il arrive à l'homme au cours de sa vie, la nature n'a en vue que son éducation, son perfectionnement. Une bergerie lui a été confiée, et il doit veiller à ce qu'il n'y ait pas dans les murs des trous par lesquels le loup arriverait à passer, ou bien il doit construire une clôture assez haute pour qu'il ne puisse pas sauter par-dessus. Vous pensez : « Des bergeries, des brebis, des loups… Est-ce que cela nous concerne vraiment ? » Oui, mais vous ne le savez pas, parce que vous n'avez pas approfondi le langage traditionnel des symboles.

Le loup qui menace notre bergerie représente le diable, et par « diable » il faut comprendre les esprits ténébreux et malfaisants qui rôdent autour de l'homme, guettant sa moindre défaillance pour se jeter sur lui. Se protéger du loup, cela signifie avoir une attention soutenue, la conscience toujours éveillée. Nous sommes donc tous des bergers : la bergerie, c'est notre organisme, les brebis nos cellules, et nous avons aussi des « chiens de garde », les entités lumineuses qui nous protègent.

Pour connaître le secret de l'amour, il faut commencer par ne pas le confondre avec le plaisir. Vous direz que sans le plaisir l'amour est bien ennuyeux et insipide. Pas du tout, car le plaisir ne concerne que le plan physique. Au-delà du plaisir, il y a la joie, l'inspiration, l'émerveillement, l'extase que goûtent l'âme et l'esprit.

Quand un homme et une femme sont capables de se donner un sentiment divin sans se laisser emporter par la passion, cette tendresse, cette communion entre eux devient extraordinairement expressive, riche, intense et belle. C'est un plaisir, bien sûr, mais un plaisir supérieur, divin, qui les rend immortels. Sinon, vous connaissez la chanson : « Amour, amour, quand tu nous tiens... » Oui, car l'amour est alors comme une force brute qui s'empare des êtres et les tient tellement bien qu'ils ne peuvent plus lui échapper, ils deviennent ses esclaves. Malheureusement, c'est ainsi que la plupart comprennent l'amour : l'amour qui les tenaille, l'amour qui les brûle, qui les consume et les laisse sans force. Parce qu'ils ont confondu l'amour et le plaisir.

Des publicités vous proposent des objets et des produits de toutes sortes qui doivent, soi-disant, vous apporter la santé, la beauté, le confort, le bien-être… le bonheur, quoi ! Tout est là pour appâter les humains, et les leurrer surtout. Car même s'ils devaient posséder un jour tout ce qu'on leur propose, et bien davantage encore, cela ne leur donnera jamais ce dont ils ont vraiment besoin.

Que vous dit un Enseignement spirituel ? « Apprenez à vous élever par la prière et la méditation jusqu'aux régions de la lumière : vous recevrez là un élément subtil, imperceptible. Et c'est cet élément subtil, imperceptible qui vous apportera tout, parce qu'il vous donnera le goût des choses. » Dès que vous aurez reçu cet élément, vous sentirez qu'il produit en vous une vibration nouvelle et votre vie deviendra indescriptiblement belle et riche. Sans cet élément impondérable qui ne s'obtient que par une discipline spirituelle, même si vous accumulez tout ce qu'il est possible de posséder, vous serez toujours insatisfait et déçu.

Quand ils savent qu'on va les photographier, les gens spontanément sourient. Mais souvent, très vite après, leur visage se ferme : leur bonne humeur, leur gaieté n'était que de façade. Pourquoi ne font-ils rien pour entretenir en eux cet état bénéfique qui maintient la souplesse du cerveau et de tout le corps, ainsi que l'expressivité du visage ? On dirait qu'ils ont unanimement décidé de perdre leur souplesse, leur jeunesse : ils sont fermés, figés, crispés. Comment peut-on aimer des gens pareils ? Ils sont insupportables et ils deviennent des fardeaux les uns pour les autres.

En voulant être sérieux, soi-disant, combien de gens ont pris l'attitude la plus sûre pour se détruire eux-mêmes ! Et après ils adorent les enfants, oui, parce qu'ils voient que les enfants échappent à cette mentalité : ils se sentent libres, ils jouent, ils rient, ils sont simples, ils sont souples ; s'ils tombent, ils se relèvent et retournent à leurs jeux. Tandis que si un de ces adultes à la mine tellement sérieuse et fermée tombe une seule fois, c'est fini, il ne peut plus se relever. Pour se relever, il aurait fallu qu'il garde sa souplesse en apprenant à être gai et souriant.

Les humains sont imparfaits, c'est entendu, cette imperfection fait partie de leur nature. Mais sachez que, comme vous, ils sont sur le chemin de l'évolution, et même si vous ne distinguez pas encore ce qu'ils deviendront dans l'avenir, ce n'est pas une raison pour souligner sans cesse leurs lacunes, leurs faiblesses et ne voir que ça.

Avec un jugement faux et des goûts pervertis, on entend les gens se prononcer sur tout et sur tout le monde. Qu'ils se demandent enfin s'il ne peut pas y avoir d'autres points de vue plus objectifs, plus justes. Ils continueront à critiquer s'ils y tiennent tellement, mais au moins ils seront de temps à autre traversés par un doute bénéfique et ils se diront : « C'est ainsi que je vois les êtres et les choses, mais peut-être y a-t-il une meilleure façon de voir. »

Les humains ne manquent pas de ressources dans le plan physique, mais c'est dans le plan psychique que les plus grandes possibilités leur sont données. Ils en sont rarement conscients car, ne s'étant pas exercés, ils ne savent pas comment les utiliser. C'est pourquoi au moindre inconvénient ils s'affolent ou se lamentent ; ils ne se demandent jamais si dans leur pensée, dans leur esprit, il n'y aurait pas des éléments susceptibles d'y remédier. Non, ils se mettent à courir, à s'arracher les cheveux, à prendre des médicaments… ou des armes.

Le spiritualiste est celui qui a compris que, dans les circonstances difficiles, l'esprit est la seule véritable force. Il commence donc par se concentrer, se recueillir, se lier au monde invisible pour recevoir la lumière, il sait que c'est elle qui lui inspirera la meilleure conduite à suivre, les meilleures méthodes à employer. C'est pourquoi, quelque temps après, on le voit décidé, paisible, maître de la situation. Il peut chercher ensuite des secours matériels, mais tout d'abord c'est en lui qu'il cherche. Comment arranger ses affaires quand on a perdu tout contrôle de soi ?

« Au commencement était le Verbe. » Ces premiers mots de l'*Évangile de saint Jean,* les humains surmonteraient beaucoup de difficultés et éviteraient beaucoup de souffrances, s'ils savaient comment ils peuvent les appliquer dans leur vie. Vous direz : « Mais comment ? Cette phrase est tellement abstraite, tellement difficile à comprendre, comment pouvons-nous l'appliquer ? – Eh bien, justement, c'est parce que vous ne cherchez pas à l'appliquer qu'elle reste abstraite et difficile à comprendre. – Mais alors, que devons-nous faire ? – Simplement accompagner tous vos actes avec le Verbe. »

Prenons des cas très simples de la vie quotidienne. Quand vous lavez des vitres, par exemple, au lieu d'exécuter cette tâche en laissant errer votre pensée sur n'importe qui ou n'importe quoi, soyez conscient de vos gestes et dites : « Comme je lave cette vitre, que mon cœur soit lavé et devienne transparent. » Et la même chose quand vous balayez, quand vous faites la vaisselle, quand vous enlevez la poussière. Bien sûr, il n'est pas nécessaire de dire tout cela à haute voix, surtout si quelqu'un risque de vous entendre. L'important est d'être conscient, c'est-à-dire d'appliquer votre pensée – et la pensée sous-entend nécessairement des mots – à tout ce que vous faites, afin de devenir créateur.

Après avoir été des enfants et considérés comme des enfants pendant une certaine période de votre existence, vous êtes un jour déclarés majeurs. Cela n'est pas seulement vrai pour la vie sociale, mais aussi pour la vie spirituelle ; avec cette différence que, pour la vie spirituelle, la majorité ne s'obtient pas à un âge prévu par la loi. Même à quatre-vingt-dix-neuf ans, beaucoup d'hommes et de femmes ne sont pas encore vraiment majeurs et adultes, parce qu'ils n'ont encore acquis aucune maturité spirituelle.

Seul celui qui a reçu le Saint-Esprit peut être considéré comme véritablement adulte, les autres ne sont encore que des enfants. Oui, tous ceux qui n'ont pas atteint cette maturité spirituelle sont considérés par le Ciel comme des enfants mineurs, et quel que soit leur âge ils doivent garder une attitude d'enfants, c'est-à-dire rester obéissants, humbles, soumis au monde divin. Tous les humains que l'on voit aux prises avec d'inextricables difficultés intérieures ne sont encore que des enfants récalcitrants. Les vrais adultes, eux, ne souffrent plus, car ils sont toujours dans la lumière.

Vous voulez sincèrement renoncer à certaines de vos mauvaises habitudes, mais ce n'est pas facile, c'est vrai, il faut le savoir. Avant de s'engager dans un mouvement spirituel, le disciple n'est pas encore instruit des règles de la Science initiatique, il vit un peu n'importe comment. Mais dès l'instant où il a entrevu une vie plus belle, plus riche, et où il décide d'accepter cette vie, évidemment comme les anciennes habitudes n'ont pas disparu, tout son être intérieur devient un véritable champ de bataille : ce ne sont que conflits entre la vieille vie qui est là, qui réclame, et la nouvelle vie qui veut s'installer ; et il souffre, il est malheureux et par moments le découragement s'empare de lui…

Mais il faut persévérer. Avec mesure, sans rien forcer, et quoi qu'il arrive, tâchez de persévérer dans vos efforts, vous finirez un jour par remporter la victoire. Alors vous ne souffrirez plus, vous ne lutterez plus : tout sera en vous ordonné, harmonisé et vous saurez enfin ce qu'est la vraie vie.

1 Décembre

Aimez, et préoccupez-vous seulement d'améliorer la qualité de votre amour en lui enlevant les éléments de convoitise, de possessivité, de violence qu'il contient et qui nuisent à votre évolution.

Les humains entretiennent tous dans leur cœur quelques germes d'égoïsme qui empoisonnent leur amour et les font souffrir comme ils font aussi souffrir ceux qu'ils aiment. C'est difficile à accepter, bien sûr, mais la réalité est là : aucun être n'appartient à un autre et vouloir asservir une âme ou un cœur est une entreprise vouée d'avance à l'échec. Même si vous êtes quelqu'un d'exceptionnel, un génie, une splendeur, sachez que l'être que vous aimez aura toujours de la place dans son cœur pour en aimer d'autres, des quantités d'autres. Le jour où votre amour sera assez éclairé pour accepter cette idée, il vous apportera les plus grandes bénédictions.

Personne ne doute de la nécessité de manger pour la santé du corps physique. Mais qui cherche à aller plus loin pour voir ce que la nourriture peut apporter dans les plans subtils ?… Si, pendant les repas, vous arriviez à vous rendre assez réceptifs, vous entendriez cette nourriture vous dire comment toutes les énergies qu'elle contient ont traversé l'univers, quelles entités se sont occupées, jour et nuit, de faire croître la végétation et de lui infuser telle ou telle propriété pour être utile aux enfants de Dieu ; elle a même enregistré les empreintes que leur ont laissées les hommes et les femmes qui ont travaillé dans les champs ou qui sont passés à côté.

Lire des livres n'est pas l'unique manière de s'instruire. On peut s'instruire aussi grâce à la nourriture, et le savoir que l'on reçoit en mangeant est un savoir vivant, car il imprègne toute la substance de notre être. Les révélations que nous apportera la nourriture ne seront peut-être pas de celles dont nous pourrons ensuite parler, car elles ne s'adressent pas à l'intellect, mais ce sont des sensations dont tout notre être, toute notre existence seront enrichis.

Même si vous êtes matériellement un peu démuni, vous devez tout de même pouvoir arriver à vous réjouir et à glorifier le Seigneur en disant : « Ô Seigneur Dieu, comme Tu es bon et sage ! Tu m'as préservé. Si j'avais des usines, des banques, quels soucis et que de temps perdu ! Tandis que maintenant, avec juste le nécessaire, je suis libre, j'ai toutes les possibilités de penser à Toi, de me rapprocher de Toi. »

Regardez tous ces chefs, ces présidents, ces directeurs d'entreprises continuellement harcelés, continuellement à courir, à s'inquiéter de l'état de leurs affaires, avec les conséquences que cela entraîne sur leur système nerveux. Tandis que vous, sans propriétés, sans actions en Bourse, sans coffre-fort en banque, avec seulement ce qu'il vous faut pour vivre, quelle liberté ! Pour une fois, essayez de comprendre pourquoi il est préférable pour votre équilibre, votre paix, votre développement intérieur de devoir vivre sans grands moyens matériels, et remerciez la Providence de vous avoir donné ces conditions.

Ce que vous désirez vraiment, vous finirez par l'obtenir un jour. Quand ? Cela ne doit pas vous préoccuper. Armez-vous seulement de patience et d'amour. Dans la vie spirituelle on ne doit jamais fixer soi-même un terme à son travail et à ses efforts.

Combien de temps cela vous prendra pour devenir parfait ? Ne vous en occupez pas, ce n'est pas votre affaire. Et si vous êtes malade, ne dites pas : « Demain, je veux être guéri » mais : « Ô mon Dieu, le temps ne compte pas pour moi, j'accepte ta volonté, je suis à ta disposition. La seule chose que je Te demande, c'est d'apprendre à Te connaître, à T'aimer, le reste attendra autant qu'il Te plaira. » C'est ainsi que vous triompherez du temps. Travaillez et ne donnez jamais d'ordres au Seigneur en Lui fixant la date des accomplissements.

« Il est plus facile à un chameau de passer par le chas d'une aiguille qu'à un riche d'entrer dans le Royaume de Dieu. » On entend parfois citer ces paroles de Jésus par ceux qui veulent condamner les riches, mais il n'est pas du tout sûr qu'elles soient bien comprises, car pour les comprendre il faut les interpréter du point de vue de la Science initiatique.

Qu'est-ce qui caractérise le riche dont parle Jésus ? Les boursouflures de son corps astral.* Le corps astral, c'est-à-dire le corps du désir, est chez le riche monstrueusement enflé à cause de son avidité, au point qu'il devient comme une tumeur, et c'est cette tumeur qui l'empêche de passer par la porte du Royaume de Dieu. Tandis que le chameau, qui est sobre, a un corps astral très mince, c'est pourquoi Jésus dit qu'il peut passer par le chas d'une aiguille. Parce qu'il se contente de très peu, le chameau est capable de traverser le désert et, dans des conditions où tous succombent, il résiste et continue sa route.

Voilà l'explication des paroles de Jésus. Ceux qui sont habités par le besoin d'accaparer, de posséder, créent dans leur corps astral des tumeurs gigantesques. Le disciple doit donc veiller à maîtriser ses désirs et ses convoitises, afin de pouvoir franchir la porte de l'Initiation qui est la porte du Royaume de Dieu.

* Voir note et schéma, p. 372 et 373.

Lorsqu'ils s'adressent à un auditoire, certains êtres sont traversés par des courants psychiques très puissants qui agissent magnétiquement sur lui, et souvent on dit de ces êtres qu'ils sont « inspirés ». Non, pas nécessairement, car l'essentiel, pour parler d'inspiration, c'est l'origine, le lieu où elle prend sa source.

Il faut comprendre. Ce n'est pas parce que certains êtres ont le pouvoir de galvaniser des foules qu'ils sont réellement inspirés. Combien de fois on a vu cela avec des hommes politiques ! On ne peut pas nier qu'ils aient un don, mais ce don n'est souvent que la manifestation de certaines forces et énergies psychiques de nature très inférieure : des sentiments ordinaires, des pensées ordinaires et même parfois véritablement diaboliques, mais qui s'expriment avec une exceptionnelle intensité. Seulement l'intensité est une chose et la qualité en est une autre. La véritable inspiration sous-entend la qualité ; il entre en elle des éléments purs, subtils, désintéressés. La véritable inspiration a son origine dans le monde divin.

Avoir trop de choses hétéroclites dans la tête, vouloir atteindre plusieurs buts à la fois, être tiraillé dans toutes les directions, voilà le meilleur moyen de perdre ses forces. Réfléchissez-y bien et décidez-vous à vous concentrer sur une seule idée, un seul désir : toutes vos énergies seront ainsi orientées vers ce but et vous développerez une puissance fantastique.

Quand un pays est en guerre, s'il doit envoyer son armée dans toutes les directions, sur tous les fronts, il disperse ses forces et elles ne sont plus aussi efficaces que si elles étaient concentrées au même endroit. C'est tellement évident et facile à comprendre ! Prenez une loupe et concentrez les rayons du soleil en un point : vous pouvez tout enflammer. Mais si les rayons sont dispersés, même si vous tenez la loupe pendant plusieurs années, rien ne se produira. Seule la concentration, que ce soit celle du feu, de la lumière, de la pensée, du sentiment, de l'action, donne la véritable puissance.

Combien de gens s'accrochent à la vie et sont même capables de commettre des crimes pour subsister ! C'est qu'ils ignorent que la vie ne s'arrête pas avec leur existence terrestre, et ils contractent ainsi de lourdes dettes qu'ils devront payer un jour. Le disciple d'une École initiatique a, lui, une autre attitude ; il dit : « La vie sur la terre est belle, mais souvent c'est aussi une épreuve, on y est limité, écrasé, bafoué, violenté, tourmenté. Je sais qu'il y a une raison pour que ce soit ainsi et j'accepte. Mais un jour, quand je me serai acquitté de ma tâche, je partirai vivre libre dans l'espace. »

Voilà la vérité que connaissent les vrais spiritualistes, et c'est pourquoi, même s'ils savent qu'on est plus heureux dans l'autre monde, ils restent sur la terre parce que momentanément encore, c'est là qu'ils ont leur place. Tant qu'ils n'ont pas tout réglé, le reste leur est indifférent. Ils veulent seulement terminer leur travail. Mais le moment venu, une fois leur travail terminé, ils partent sans regret.

Celui qui laisse libre cours à son instinct sexuel peut se rendre compte, s'il est lucide, que ses organes fonctionnent en quelque sorte indépendamment de sa volonté ; il n'a pas la possibilité d'arrêter ou de freiner quoi que ce soit : il ne peut que constater. Il a déclenché un mécanisme et un torrent tumultueux se déchaîne, emportant tout sur son passage. Quelles énergies dépensées ! Et ces énergies vont nourrir les larves et les élémentaux du monde astral.

Tandis que celui qui vit un amour spirituel constate que c'est lui, c'est-à-dire son âme et son esprit qui dominent la situation et qui se nourrissent. Les manifestations de cet amour se sont peut-être limitées à un échange de regards, une présence, un parfum, mais il est heureux. Il sent que c'est lui qui a mangé, qui a bu, qui a respiré, et non d'autres entités à travers lui.

Au cours de sa vie, chacun cherche à réaliser des désirs, des ambitions. Que ce soient la richesse, la beauté, le savoir, le pouvoir, la gloire, etc., il y dépense ses énergies, son temps, sa santé. Mais une fois le but atteint, que se passe-t-il ? Après un moment de satisfaction, ce qu'il a acquis perd tout intérêt. Oui, c'est souvent ce qui se produit : une fois obtenue, cette acquisition ne conserve pas l'aura dont elle était entourée quand on ne faisait que souhaiter, et voilà l'insatisfaction et le vide qui s'installent.

Le seul moyen d'échapper à ces sentiments d'insatisfaction et de vide qui suivent la réalisation de ses désirs, c'est d'aller à la recherche d'un objet lointain, tellement lointain qu'on ne l'atteint jamais. Ce but lointain, inaccessible, qui dépasse tout, qui contient tout, on l'appelle Dieu. Sur le chemin que nous devons parcourir pour nous rapprocher de Lui, nous trouvons l'amour, la sagesse, la beauté, la force, la richesse, sans plus jamais nous épuiser dans des recherches vaines.

Combien de fois je vous ai dit de vous méfier de ces livres de sciences occultes qui, sous prétexte de vous ouvrir les chemins de l'invisible, ne feront que vous entraîner dans des voies dangereuses. Si vous voulez arriver un jour à sortir de votre corps, à vous dédoubler pour découvrir les splendeurs du monde spirituel, voici un exercice tout à fait inoffensif.

Certains matins, par exemple, où un ciel gris, brumeux, vous pousse à la somnolence, au lieu d'essayer de vous concentrer et de méditer – ce qui est inutile, vous n'y arriverez pas, il n'y a pas de conditions pour cela – tâchez d'arrêter votre pensée. Laissez votre âme s'étendre dans l'espace, en imaginant qu'elle va rejoindre l'Âme universelle et se fusionner avec elle : à son retour, elle vous rapportera quelques images des régions qu'elle aura contemplées. Mais ne vous illusionnez pas : la qualité de ce que vous verrez dépendra de vous, de la nature et de la qualité de vos désirs, de vos sentiments, de vos pensées. Donc, si vous voulez entrer véritablement en contact avec les réalités du monde spirituel, commencez par purifier votre monde intérieur.

Personne ne peut nier qu'il soit très douloureux de perdre un être cher. Mais l'amour permet de surmonter cette douleur. Vous pensez que plus on aime, plus on souffre d'une telle séparation. Sur le moment, oui, sans aucun doute. Mais si vous avez aimé véritablement un être, avec le temps une autre forme de relation se crée entre lui et vous, vous le sentez comme une présence constante. Et la nuit, pendant le sommeil, vous êtes aussi avec lui. Au matin, vous ne vous souvenez peut-être pas de cette rencontre, parce que les voyages de l'âme pendant le sommeil ne parviennent que rarement à la conscience, mais avec le temps, vous ressentirez de plus en plus la force de ce lien.

Dieu n'a pas fixé de limites à l'amour. L'amour est plus fort que la mort. Les êtres qui se sont aimés d'un amour véritable ne se quittent jamais, leur âme franchit tous les obstacles de la matière.

D'après l'usage que l'on fait du mot « maître » dans la vie courante, on se rend compte qu'il peut avoir plusieurs sens. Il y a le maître qui transmet son savoir à des élèves… le maître qui exerce son pouvoir sur des domestiques ou des esclaves… le maître qui excelle dans une discipline, domine une matière, que cette matière soit physique, intellectuelle, artistique.

Mais un Maître spirituel ne cherche pas à devenir un expert en quelque matière que ce soit ; c'est uniquement lui-même, sa propre matière, qu'elle soit physique ou psychique, qu'il cherche à dominer, maîtriser. Il ne s'impose pas à ses disciples, il lui suffit d'être ce qu'il est. C'est aux disciples de découvrir comment recevoir son amitié, sa protection, sa lumière, car il ne se tient jamais loin d'eux, il les accompagne et il parle à chacun une langue qu'il peut comprendre. Quelle est cette langue ? L'exemple. Il dit : « Aimez », et lui-même donne l'exemple de l'amour désintéressé. Il dit : « Travaillez », et lui-même travaille. Il dit : « Supportez les souffrances », et lui-même accepte, sans se révolter, toutes les douleurs de l'âme et du corps. S'il est poursuivi ou accusé injustement, il ne cherche pas à se venger. Au mal il répond par le bien.

Vos défauts sont le résultat de mauvaises habitudes que vous avez contractées dans vos incarnations antérieures, et quand vous voulez vous en débarrasser, vous vous concentrez, vous vous acharnez sur eux. Eh bien, non, ce n'est pas une bonne méthode. Préoccupez-vous plutôt de ce que vous pouvez construire pour l'avenir. Dites-vous : « Maintenant, je vais créer quelque chose de nouveau », et travaillez chaque jour avec une foi inébranlable, une conviction absolue.

Prenez tous les éléments que Dieu vous a donnés : la pensée, le sentiment, l'imagination, et efforcez-vous de projeter en vous-même les plus belles images, de vous voir dans la musique, de vous voir dans la lumière, de vous voir dans le soleil, dans la perfection des formes, avec des qualités, des dons, des vertus : la bonté, la générosité, la possibilité de soutenir les autres, de les aider, de les éclairer. Un jour, c'est cette construction lumineuse, parfaite, qui recouvrira toutes les lacunes et les imperfections du passé.

On peut comparer le monde spirituel à un immense magasin où vous recevez ce que vous demandez à condition d'avoir une certaine monnaie à donner en échange. Et la plus sûre des monnaies que vous puissiez présenter devant les esprits célestes, c'est le travail impersonnel, le sacrifice. Le sacrifice est comme l'or qui garde toujours sa valeur, parce que le soleil le protège ; exactement comme une banque nationale protège la monnaie d'un pays.

Chaque sacrifice que vous faites pour la défense et la manifestation de ce qui est bon et beau, afin que tous les êtres sur la terre puissent en bénéficier, remplit votre cœur et votre âme de cet or qui a cours dans les grands magasins cosmiques. C'est comme si le soleil vous marquait de son sceau. Et du jour où vous portez l'empreinte de ce sceau, vous êtes reconnu par les entités de la lumière. Elles disent : « Cet être est des nôtres, il porte le sceau du soleil, il est notre frère, donnons-lui ce qu'il demande. »

S'imposer aux autres, leur donner des ordres, les humains font cela spontanément. Mais quand un désir se manifeste en eux et les enserre comme un serpent, ils se mettent à sa disposition et capitulent sans résistance. Analysez-vous et vous verrez que c'est bien ainsi que, même avec vous, les choses se passent.

Les humains sont capables de donner des ordres aux autres, mais incapables de s'en donner à eux-mêmes pour rétablir la situation. Or, le travail du disciple consiste justement à prendre conscience de son être intérieur pour y rétablir l'ordre, pour retrouver la royauté perdue dont ses désirs inférieurs et ses passions l'ont dépossédé. Tous les travaux qu'il peut réaliser dans les autres domaines pâlissent devant l'importance d'un seul travail : se mettre en harmonie avec le cosmos et installer cette harmonie dans son propre royaume en s'imposant à son peuple, c'est-à-dire à ses cellules. Il leur dit : « Vous ferez ma volonté et rien d'autre ! » et elles sont obligées de se soumettre, parce qu'il s'impose à elles, non en vertu de son autorité personnelle, mais grâce à son obéissance aux lois divines. C'est ainsi qu'il retrouve sa royauté.

Trop de gens parlent de magie sans savoir ce qu'est un mage. Un mage véritable est un créateur qui possède tout d'abord une science. Mais cette science doit être aussi soutenue et vivifiée par l'amour. À ce moment-là, les paroles qu'il prononce sont véritablement des paroles magiques, parce qu'elles sont remplies de cette lumière et de cet amour qui les rendent puissantes au point de commander à la matière. La parole ne peut être créatrice, elle ne peut agir sur la matière pour la façonner que si elle est remplie d'amour et de lumière.

À chaque créature de Dieu, il est donné de posséder un jour cette parole magique. Donc, si vous aussi vous travaillez avec la lumière et l'amour, vos paroles produiront des effets dans toute la création, dans le monde visible et dans le monde invisible : elles mettront en marche non seulement les humains, mais aussi les esprits des quatre éléments, les anges, les archanges et les divinités.

Au cours de vos activités quotidiennes, il peut vous arriver de sentir que quelque chose s'éclaire soudain en vous, quelque chose qui donne à votre existence des dimensions plus vastes et qui vous aide à persévérer sur le chemin spirituel où vous vous êtes engagé. Cette sensation ne vous trompe pas : elle vous dit que vous êtes en train de recevoir la visite d'entités angéliques.

Si de telles visites sont inattendues, cela ne signifie pas que les entités angéliques se rendent indistinctement n'importe où et auprès de n'importe qui. Même si elles sont prêtes à porter aide, secours et joie à tous les humains, elles vont de préférence visiter les créatures qui leur préparent des conditions favorables. Le Maître Peter Deunov disait : « Chaque idée divine à laquelle vous croyez est soutenue par des esprits lumineux du monde invisible. Chacun vous apporte son appui, chacun vous donne un élan pour la réalisation de cette idée. »

Dans l'*Apocalypse,* saint Jean rapporte comment il fut transporté en esprit devant le trône de Dieu. *« Autour du trône se tenaient quatre êtres vivants remplis d'yeux devant et derrière ; le premier était semblable à un lion, le second à un taureau, le troisième à un homme et le quatrième à un aigle. »*

Ces quatre êtres vivants – on les appelle aussi les quatre Animaux saints – qui se tiennent devant le trône de Dieu sont les Séraphins. Ils représentent les quatre principes de la matière, les quatre éléments : le feu (le lion) ; la terre (le taureau) ; l'air (l'homme) et l'eau (l'aigle). Les Séraphins sont les anges des quatre éléments. On peut donc dire que les racines de la matière sont en Dieu, dans la séphira la plus haute : *Kéther*. Mais il ne faut pas se laisser tromper par les mots : à ce degré de pureté, la matière est presque indissociable de l'esprit.

Être humble ne consiste pas à se rabaisser sans cesse en disant : « Je ne suis rien, je ne vaux rien. » La véritable humilité, c'est de donner en soi la première place à la Divinité afin de manifester toutes ses vertus, toutes ses richesses. Mais combien de gens sont capables de comprendre cette vérité ? Et comme ils ne l'ont pas comprise, ils finissent par se dresser devant le Seigneur au point de vouloir se mettre à sa place. Mais alors c'est là qu'ils se rapetissent et s'effacent, jusqu'à disparaître.

La grandeur de cette créature tellement imparfaite qu'est l'être humain, c'est de comprendre que, malgré ses insuffisances, il peut faire des merveilles à condition de mettre le Seigneur à la première place dans sa tête et dans son cœur. Sans le Seigneur, il ne peut pas aller tellement loin ; quoi qu'il fasse, ce sera humain, médiocre. Voilà ce que vous devez comprendre et tout faire pour que le Seigneur pénètre en vous, Se manifeste à travers vous et vous prenne à son service. C'est cela la véritable humilité !

Le Créateur nous a donné un corps physique et ce corps est un résumé de l'univers. C'est pourquoi nous devons l'étudier, le respecter, nous émerveiller devant lui, et grâce à lui, apprendre à entrer en relation avec le monde divin.

Les Initiés du passé, qui possédaient la véritable science de l'être humain, avaient découvert des correspondances entre les différents organes et parties de son corps et les constellations célestes. Ainsi, la tête est liée au Bélier, le cou au Taureau, les bras aux Gémeaux, l'estomac au Cancer, le cœur au Lion, les reins à la Balance, les organes génitaux au Scorpion, les cuisses au Sagittaire, les genoux au Capricorne, les mollets au Verseau et les pieds aux Poissons. Vous-même, exercez-vous à lier par la pensée votre corps au grand corps cosmique. Devant vos efforts et votre bonne volonté, la Mère nature, Isis, dira : « Cet être est attentif, il m'aime, il me respecte, je vais me montrer à lui. » Et la grande Déesse se découvrira peu à peu à vous.

Puisque la lumière est la matière même de la création, par la méditation, la concentration, nous pouvons extraire quelques particules de tout ce qui existe autour de nous afin de l'assimiler à notre propre substance. Évidemment, cette lumière, nous la trouvons avant tout dans le soleil, mais aussi dans l'air et dans tous les aliments qui nous servent chaque jour de nourriture.

Une fois que nous possédons un peu de cette lumière, nous avons toutes les possibilités de l'augmenter. Comment ? En la faisant fusionner avec la lumière divine. C'est à cette fusion qu'elle aspire plus que tout, mais il y a une condition : que le chemin qui conduit jusqu'à la lumière divine soit débarrassé de toute impureté. Ce sont les impuretés qui empêchent la fusion. En nous purifiant, nous faisons disparaître les obstacles qui séparent notre lumière de la lumière de Dieu, jusqu'à ce qu'un jour elle ne fasse plus avec elle qu'une seule lumière. Rien ne pourra plus alors les séparer.

Dans tout ce que nous entreprenons, et quel que soit le domaine, matériel ou spirituel, ce qui compte ce sont nos efforts. Le Ciel ne considère jamais le succès, mais seulement les efforts. Le succès, c'est Lui qui en décide, car tout ce que nous faisons s'inscrit dans un ensemble et doit donc servir les plans de Dieu, être en accord avec eux ; et peut-être n'est-il pas du tout prévu que les projets auxquels nous sommes en train de travailler se réalisent comme nous le souhaitons. Seuls les efforts nous appartiennent, pas la réussite.

Laissez donc les êtres d'en haut décider du moment où vos efforts seront couronnés de succès. Quoi qu'il arrive, vous devez vous dire : « Pour l'instant, c'est vrai, mon travail ne donne pas tellement de résultats visibles, tangibles, mais en réalité je sais qu'aujourd'hui déjà il porte des fruits. » Même si on ne les voit pas, il y a toujours des résultats dans votre cœur et dans votre âme. Rien ne reste inerte ou stagnant.

Pendant neuf mois, l'enfant qui va naître se trouve dans une sorte de nuit et tout se prépare dans cette nuit. C'est dans l'obscurité du sein maternel que se forment les organes de son corps : ses poumons, son cœur, son cerveau... Si cette construction ne s'effectue pas dans de bonnes conditions, sa vie au grand jour sera compromise, car le jour, c'est-à-dire l'existence terrestre, dépend de cette nuit, la gestation.

Toute manifestation peut être comparée au passage de la nuit au jour... ou bien aussi au dévidage progressif d'une pelote formée par des fils de couleurs différentes. La manifestation représente le déroulement des fils, mais les fils ne peuvent être que ceux qui ont déjà été enroulés. Alors, si vous ne vous efforcez pas de travailler avec la sagesse, n'espérez pas tirer un jour la sagesse de votre tête ! Tout ce que l'on veut manifester doit avoir été préparé longtemps à l'avance. Ne vous y trompez pas : pour produire quelque chose de véritablement achevé dans le monde visible, il faut avoir longuement travaillé dans le monde invisible.

La naissance de Jésus a été un événement historique d'une importance capitale. Mais s'il avait suffi que Jésus naisse il y a deux mille ans, pourquoi le Royaume de Dieu n'est-il pas encore venu sur la terre ? Les guerres, les misères, les maladies, tout cela devrait avoir disparu…

Le véritable disciple sait que, la nuit de Noël, le Christ naît dans le monde sous forme de lumière, de chaleur et de vie, et il prépare les conditions convenables pour que cet Enfant divin naisse aussi en lui. Oui, car on pourra relire l'histoire de la naissance de Jésus aussi souvent que l'on voudra, et chanter « Il est né le divin Enfant », tant que le Christ ne naît pas en nous, cela ne servira à rien. C'est à chacun maintenant d'avoir ce désir de faire naître le Christ dans son âme et de devenir comme lui, afin que la terre soit peuplée de Christs ! C'est cela que Jésus demandait quand il disait : *« Celui qui croit en moi fera aussi les œuvres que je fais et il en fera même de plus grandes. »* Eh bien, où sont ces œuvres-là plus grandes que celles de Jésus ? Montrez-les moi…

Pour quelques-uns le Christ est déjà né et pour certains il naîtra bientôt… Tout est dans la préparation des conditions.

La vie spirituelle est semblable à une terre dans laquelle vous devez vous enfouir pour croître. Jusque-là vous ressemblerez au grain qui est resté dans le grenier. Dans ce grenier, évidemment, il est tranquille, il ne subit ni la pluie, ni le vent, ni la grêle, mais bientôt il moisira ou sera grignoté par les souris, ce qui est bien pire. Tandis que le grain mis en terre, lui, doit subir les intempéries, mais il pousse, il donne des fruits, il est utile.

En embrassant la vie spirituelle, vous ne serez pas à l'abri : vous aurez à affronter le vent et les orages, mais vous trouverez aussi des conditions qui vous permettront de croître et de donner des fruits à l'humanité. N'est-il pas préférable d'être exposé aux intempéries et de croître, plutôt que d'être mangé par les souris et la moisissure ? Avec la vie spirituelle, c'est vrai, vous aurez à subir des épreuves qu'une existence purement matérialiste vous aurait épargnées, mais que cela ne vous trouble pas : continuez à avancer sur cette voie qui vous conduit vers le monde divin.

Quelles que soient les erreurs que vous avez commises, rien ne peut vous empêcher de retrouver la voie du salut si vous le désirez vraiment. Dites-vous même que le Ciel a davantage confiance en un être qui a commis des fautes et qui s'est repenti, qu'en celui qui n'en a jamais commis. Pourquoi ? Parce que celui qui n'est jamais tombé ne sait pas qu'il doit prendre des précautions : il n'a pas d'expérience, il n'est donc pas encore solide, il peut aller n'importe où, aveuglément, et un jour c'est la chute. Tandis que celui qui est passé par les griffes du diable, qui a souffert et qui prend la résolution de sortir de là pour accomplir la volonté de Dieu, s'il réussit, le Ciel le prendra à son service. Il dira : « Enfin, en voilà un sur qui on peut compter ! »

De ce que je vous dis là, vous devez seulement retenir que, quelles que soient vos chutes, il vous est toujours possible de vous redresser. N'en concluez pas que vous pouvez vous permettre tous les égarements afin de mieux vous améliorer ensuite ! De toute façon, vous avez tous commis suffisamment d'erreurs jusqu'à maintenant : il est temps de vous assagir et de vous mettre au service du Ciel.

La sagesse, l'amour, la beauté de Dieu n'ont pas de limites. Plus nous nous élevons sur l'échelle de l'évolution, plus nous devenons capables de capter des réalités subtiles. Et pourtant, même si nous nous rapprochons chaque jour de Dieu, nous ne parviendrons jamais à sonder complètement son mystère. De l'Être suprême il ne nous est donné d'apercevoir, pour ainsi dire… que les pieds ! Mais nous pouvons connaître ses noms, c'est une science qui est décrite dans le détail par la Kabbale, et elle nous éclaire déjà beaucoup.

Aucune créature, quelle qu'elle soit, ne peut connaître Dieu dans son infini, dans son éternité, et c'est bien ainsi. Nous continuerons à Le chercher, à L'étudier et nous nous réjouirons. Il y aura toujours quelque chose à découvrir, parce que les formes sont infinies et que, dans l'univers, il se produit toujours de nouvelles combinaisons d'éléments. Ce serait terrible de ne plus rien avoir à apprendre, à comprendre, il ne resterait qu'à mourir. Or, Dieu est la vie éternelle.

Nous travaillons pour l'avènement du Royaume de Dieu, nous travaillons pour l'avènement de la fraternité parmi les humains, mais en même temps nous ne devons pas nous faire d'illusions : nous aurons encore beaucoup d'obstacles à affronter, et chaque fois ce doit être pour nous l'occasion de manifester des qualités dont, dans des circonstances plus favorables, nous n'aurions pas pu faire preuve. Oui, regardez : chaque fois que les puissances du mal se sont déchaînées, des êtres se sont levés pour faire entendre la voix de la justice et du bien, en trouvant en eux-mêmes des ressources insoupçonnées.

Ce sont les obstacles qui nous poussent à lutter, à faire des efforts : ils nous obligent à nous montrer plus courageux, plus décidés que nous ne croyions en être capables. Vous dites que c'est difficile. Évidemment, mais c'est la seule manière intelligente de réagir. Alors, au lieu de se plaindre et de se révolter, il faut dire : « Merci Seigneur, grâce à ces difficultés je me fortifierai, je me dépasserai. » Et quelle joie de remporter des victoires que nous n'aurions pas osé espérer !

Devant le spectacle du monde actuel, on se dit évidemment que le pire peut toujours arriver : une guerre atomique, des épidémies, des catastrophes naturelles, etc., capables d'entraîner la disparition de l'humanité. C'est pourquoi certaines voix se font entendre pour annoncer que les fléaux décrits dans l'*Apocalypse* vont s'abattre sur la terre. C'est vrai que l'*Apocalypse* prédit la fin du monde, c'est écrit. Mais en réalité les événements ne sont jamais absolument déterminés. Suivant le comportement des humains, ils peuvent prendre une tout autre orientation. Il n'y a pas de détermination, il n'y a pas de destin irrévocable, ni pour une personne, ni pour le monde entier.

Dieu n'est pas un tyran qui décrète des cataclysmes auxquels personne ne peut remédier. Il a créé les humains avec une volonté libre, ils disposent de leur avenir. S'ils vivent dans l'inconscience, le désordre, ils déclenchent des courants chaotiques, et alors évidemment les lois de la nature, qui sont les lois de la justice, les amènent vers les catastrophes ; c'est mathématique. Mais s'ils décident de s'assagir, s'ils projettent autour d'eux des forces harmonieuses, s'ils ne troublent plus l'équilibre de la nature, beaucoup de malheurs peuvent être évités.

Une année se termine et une autre va commencer… C'est la période où tous forment des vœux pour eux-mêmes, pour leur famille, leurs amis, pour le monde entier. La coutume est de se rencontrer, de s'embrasser, de s'inviter, en espérant que cette nouvelle année apportera à chacun toutes sortes de bonnes choses.

Mais avant de penser à la nouvelle année, arrêtez-vous un moment sur l'année qui s'en va et adressez-vous à elle… Vous êtes étonnés : comment ? parler à l'année ?… Oui. La Kabbale dit qu'une année est un être vivant, c'est donc que vous pouvez lui parler. Alors, adressez-vous à cette année qui s'éloigne et demandez-lui de se souvenir de vous. Puisqu'elle est vivante, elle ne reste pas inactive, elle a enregistré non seulement vos actes, mais aussi vos désirs, vos sentiments, vos pensées. Le dernier jour elle fait son rapport aux Seigneurs des destinées et elle vous relie à l'année nouvelle : sachez la saluer avant de la quitter.

Note : Sans rejeter la division corps – âme – esprit adoptée traditionnellement en Occident, Omraam Mikhaël Aïvanhov a surtout utilisé la division en six – ou sept – corps, inspirée de la philosophie hindoue. (Le corps éthérique, souvent mentionné, fait partie du corps physique. Voir à ce sujet le chapitre VI de « La vie psychique : éléments et structures »).

Les trois activités fondamentales par lesquelles se caractérise l'homme sont la pensée (qui a pour instrument l'intellect), le sentiment (qui a pour instrument le cœur) et l'action (qui a pour instrument le corps physique). Ne croyez pas que seul le corps physique soit fait de matière : le cœur et l'intellect aussi sont des instruments matériels, seulement leur matière est plus subtile que celle du corps physique.

Une longue tradition ésotérique enseigne que le support, le véhicule du sentiment est le corps astral et celui de l'intellect le corps mental. Mais cette trinité : corps physique, corps astral, corps mental constitue notre nature humaine imparfaite. Ces mêmes facultés de la pensée, du sentiment et de l'action se retrouvent en nous à un niveau supérieur, et là, leurs véhicules sont les corps causal, bouddhique et atmique qui forment notre Moi divin. Les trois grands cercles concentriques indiquent les relations qui existent entre les corps inférieurs et supérieurs.

NATURE SUPÉRIEURE

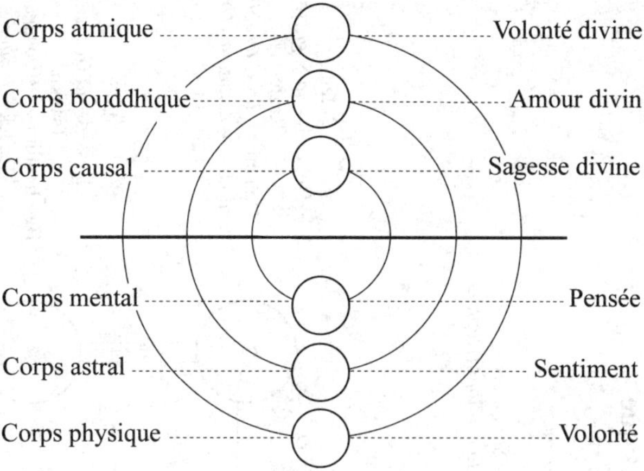

NATURE INFÉRIEURE

Le corps physique qui représente la force, la volonté, la puissance dans le plan matériel est lié au corps atmique qui représente la force, la puissance et la volonté divines.

Le corps astral qui représente les sentiments et les désirs égoïstes et personnels, est lié au corps bouddhique qui représente l'amour divin.

Le corps mental qui représente les pensées ordinaires et intéressées est lié au corps causal qui représente la sagesse divine.

Omraam Mikhaël Aïvanhov

« La vie psychique : éléments et structures » – *N° 222, chap. III, Collection Izvor.*

Arbre séphirotique

1 Ehiéh
Kéther – *la Couronne*
Métatron
H̱ayoth haKodesch – *les Séraphins*
Reschith haGalgali – *les premiers tourbillons (Neptune)*
♆

3 Jéhovah
Binah – *l'Intelligence*
Tsaphkiel
Aralim – *les Trônes*
Chabtaï – *Saturne*
♄

2 Iah
H̱oẖmah – *la Sagesse*
Raziel
Ophanim – *les Chérubins*
Mazaloth – *le Zodiaque (Uranus)*
♅

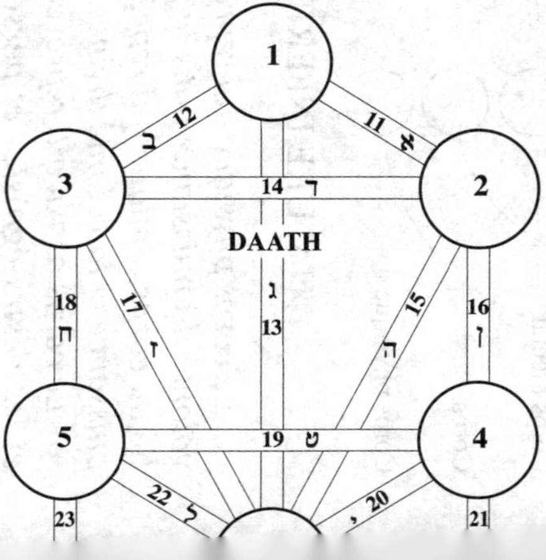

5 Elohim Guibor
Guébourah – *la Force*
Kamaël
Séraphim – *les Puissances*
Madim – *Mars*
♂

4 El
H̱essed – *la Grâce*
Tsadkiel
H̱aschmalim – *les Dominations*
Tsédek – *Jupiter*
♃

8 Elohim Tsébaoth
Hod – *la Gloire*
Raphaël
Bneï-Elohim – *les Archanges*
Ko_h_ave – *Mercure*
☿

9 Chadaï-El-Haï
Iésod – *le Fondement*
Gabriel
Kéroubim – *les Anges*
Lévana – *Lune*
☽

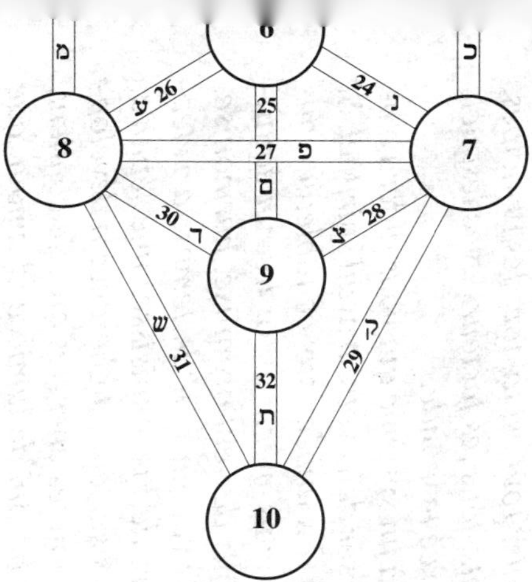

7 Jéhovah Tsébaoth
Netsa_h_ – *la Victoire*
_H_aniel
Elohim – *les Principautés*
Noga – *Vénus*
♀

6 Eloha vaDaath
Tiphéreth – *la Beauté*
Mikhaël
Mala_h_im – *les Vertus*
Chémesch – *Soleil*
☉

10 Adonaï-Méle_h_
Mal_h_outh – *le Royaume*
Sandalfon
Ischim – *les Hommes parfaits*
Olam Iésodoth – *Terre*
♁

Note :

L'Arbre de Vie est un schéma symbolique qui résume toute la Science initiatique, les doctrines de tous les Initiés. On peut le comparer à une graine, à une semence : plantez-la, elle fera apparaître devant vous toute la création avec la multitude des créatures. Ce schéma peut devenir un instrument magique, un pantacle parmi les plus puissants. Tout est là, tous les principes, tous les éléments, tous les facteurs avec lesquels le Seigneur a créé le monde.

Vous avez là un système qui vous aidera à ne pas vous disperser dans votre travail spirituel. Si vous travaillez des années sur ce tableau, vous introduisez en vous-même un ordre, un équilibre ; tout en vous devient organisé, harmonisé. Dès que vous avez un peu de temps, arrêtez-vous sur l'Arbre de Vie, choisissez une séphira, concentrez-vous sur elle et cherchez à développer les qualités ou les énergies qu'elle contient. Que vous ayez besoin de lumière, d'amour, que vous ayez besoin de force, de protection, de générosité, de justice ou de vie... adressez-vous à l'Arbre de Vie : il est là à la disposition des fils et des filles de Dieu qui ont besoin de se nourrir de la vie divine.

Omraam Mikhaël Aïvanhov

LES FRUITS DE L'ARBRE DE VIE
Tome 32 – Œuvres Complètes

INDEX

A

Actes
- pensées et sentiments qui doivent les accompagner, 6 fév.
- enfants du père (l'intellect) et de la mère (le cœur), 26 fév.

Adultes
- responsables du développement des enfants, 31 oct.

Affaires matérielles
- ne pas attendre de les avoir réglées pour vivre la vie spirituelle, 23 juin.

Aider les humains
- en se concentrant sur leurs qualités plus que sur leurs défauts, 7 juin.

Aimer
- sans vouloir posséder, 1 déc.

Âme sœur
- on ne la trouve qu'en travaillant avec la lumière, 29 avril.

Amour
- durable si on sait aimer de loin, 6 janv.
- peut être vécu à différents niveaux de conscience, 28 mars.
- danger de vouloir l'obtenir à tout prix, 16 juin.
- ne pas dépendre des conditions extérieures pour le conserver, 15 juil.
- comment conserver sa poésie, 2 août.
- abolit les distances, 18 août.
- plus fort que la mort, 12 déc.

Anarchie intérieure
- illusion d'être son propre maître, 14 mai.

Angoisse
- sensation contre laquelle il faut immédiatement réagir, 27 janv.

Animaux
- ce que leurs traits de caractère ont à nous apprendre, 5 août.

Année
- une entité vivante, 31 déc.

Arbre séphirotique
- une méthode de travail, 25 mai.

Argent
- comment le considérer, 17 fév.
- se renforcer spirituellement pour ne pas être son esclave, 27 avril.

Art
- doit puiser son inspiration dans le monde de la lumière, 2 mai.

Artiste
- condition préalable : travailler sur soi-même, 4 juil.
- compris d'un point de vue initiatique, 8 oct.

Ascension sociale
- et ascension intérieure, 12 oct.

Atmosphère
- empoisonnée par les histoires scabreuses qui se colportent, 20 mai.

Attente
- qui nous tient en éveil, 15 janv.
- d'être toujours payé de retour, nous limite, 21 sept.

Attention
- à exercer particulièrement sur nos états psychiques, 20 juin.
- à avoir pour tout ce qu'on nous donne, 31 août.

« Au commencement était le Verbe »
- application de cette phrase dans la vie quotidienne, 28 oct.

Audace
- de ceux qui ont la lumière, 20 fév.

Aujourd'hui
- un maillon dans la chaîne des jours, 16 fév.

Aura
- se développe par la pratique des vertus, 16 avril.
- se renforce grâce à l'amour, 8 sept.

Avertissements
- que nous donne une voix intérieure, 13 août.

« Ayez du sel en vous-mêmes et soyez en paix les uns avec les autres »
- commentaire, 9 janv.

B

Beauté
- les femmes ont pour mission de la faire descendre sur la terre, 20 juil.

Bien
- que nous souhaitons peut être réalisé par d'autres, 19 mars.
- que l'on fait n'est jamais perdu, 1 oct.

Bien commencer
- et bien finir, 1 avril.

Binah
- représentation de cette mère implacable qu'est la nature, 25 oct.

Bon chemin
- qu'il importe plus que tout de choisir, 11 août.

Bonheur
- résultat de toute une cuisine intérieure, 7 janv.
- savoir répondre aux besoins de notre âme, 30 janv.

-savoir accueillir les entités lumineuses, 1 sept.
-ne se trouve que dans l'amour, 13 oct.

Bonnes conditions
-savoir les utiliser pour ne pas avoir de regrets, 18 sept.

Bouddha
-regardant sa main droite : signification, 29 sept.

Bougie
-analogie avec l'être humain, 8 fév.

Brasier et flamme d'une bougie
-leur correspondance dans notre vie psychique, 5 oct.

But inaccessible
-que nous devons choisir pour rester vivant, 1 mai.

C

Cause
-produit toujours des conséquences. Comment s'endormir, 5 mars.

Chaîne vivante des créatures
-nous en faisons partie, 23 oct.

Changer de vie
-est difficile, mais il faut persévérer, 30 oct.

Chant choral
-nous donne une leçon pour la conduite de toute notre vie, 25 sept.

Châtiments de l'enfer
-usage abusif que les religions ont fait de cette croyance, 10 juin.

Cheval
-symbole de notre nature inférieure, 11 mai.

Christ
-esprit du soleil, 28 sept.
-Verbe divin et pain vivant, 14 oct.

Ciel étoilé
-sa contemplation ramène les soucis de la terre à leur juste proportion, 14 août.

Clairvoyance
-condition pour la développer sans danger, 3 mai.

Cœur
-maintient la tête et les membres en activité, 2 fév.

Commencement
-seul moment que nous maîtrisons, 11 oct.

Compatir
-à la souffrance des êtres ne les aide pas nécessairement, 19 sept.

Compréhension
-naît de la comparaison et de la confrontation, 24 oct.

Concentration
-facteur d'efficacité et de puissance, 7 déc.

Conditions
- plutôt que de vouloir les changer à l'extérieur, les changer en soi-même, 16 oct.
- de notre vie : c'est nous qui les créons, 26 oct.

Conditions nouvelles
- s'y adapter pour continuer à travailler, 24 sept.

Connaissances
- insuffisantes si elles ne sont pas soutenues par l'amour et la foi, 4 avril.

Conscience
- sa maîtrise permet de s'opposer à la nature inférieure, 29 mars.
- ses fluctuations ne doivent pas nous décourager, 19 oct.

Corps physique
- n'est que l'instrument de nos désirs, bons ou mauvais, 29 juil.
- la pensée et le sentiment finissent par agir sur lui, 7 oct.
- ses relations avec les constellations, 21 déc.

Corps physique (du) au corps atmique
- la totalité de l'être humain, 17 mars.

Corps spirituels
- dans lesquels nous vivons sur la terre mais surtout dans l'au-delà, 25 mars.

Coupe du Graal
- signification symbolique, 22 avril.

Création artistique
- et vie morale : ne peuvent être dissociées, 12 sept.

Créations intérieures
- sont seules réelles, 10 juil.

Critique
- ne se justifie que si elle s'apparente à l'art du jardinier, 18 fév.

Croix
- expression des deux principes masculin et féminin, 22 août.

D

Dangers
- possibilités d'y échapper en passant d'un plan à l'autre, 3 juin.
- c'est à nous de savoir les discerner, 6 oct.

Découragement
- un remède : l'émerveillement devant l'œuvre divine, 21 janv.

Défauts
- ne pas s'attarder sur eux mais créer l'avenir, 14 déc.

Dépouillement
- condition pour retrouver notre être véritable, 30 mars.

Désintéressement
-un degré supérieur de l'intérêt, 18 mai.

Désirs
-quand ils se réalisent, il faut pouvoir être à la hauteur de la situation, 15 avril.

Dettes
-que nous contractons en ne sachant pas être désintéressés, 7 mai.

Deux
-interprétation symbolique, 12 oct.

Dieu
-est encore au-delà de l'idée que la lumière peut nous donner de Lui, 4 janv.
-nous ne pouvons Le connaître qu'en nous fusionnant avec Lui, 10 mars.
-Le servir dans notre prochain, 25 juil.
-nous ne pouvons Le connaître qu'en nous fusionnant avec Lui, 19 août.
-patient devant nos fautes, mais impatient devant nos souffrances, 7 sept.
-seule sa recherche peut nous combler, 10 déc.
-nous n'arriverons jamais à sonder son mystère, 28 déc.

Diplômes humains
-et diplômes divins, 5 juin.

Discernement
-nous est donné par le désintéressement, 12 mars.

Donner
-avant que la mort nous dépouille de tout, 11 fév.

Droit d'asile
-application d'une vérité de la vie spirituelle, 22 mars.

E

Économie
-pendant qu'elle prospère, les humains périclitent, 9 sept.

Économies
-à faire pour les bons jours, 8 août.

Efforts
-doivent être continus, 11 oct.
-seuls comptent, pas les résultats, 23 déc.

Élément spirituel
-qui donne le goût des choses, vaut plus que tous les biens matériels, 24 oct.

Elohim
-participent à la construction du corps de l'enfant, 28 juil.

Énergies
-n'agissent efficacement que si elles sont concentrées, 5 mai.
-quand on n'en a plus pour la terre, on n'en a plus pour le Ciel, 15 août.

Enfants
-rien ne les autorise à mépriser leurs parents, 4 août.

-leur sensibilité aux mondes subtils, 3 sept.

Enfer et paradis
-deux régions en nous, séparées symboliquement par le diaphragme, 31 juil.

Engagement spirituel
-ne pas en attendre des avantages matériels, 10 fév.

Ennemi intérieur
-une méthode pour le maîtriser, 10 août.

Enseignement de la Fraternité Blanche Universelle
-son programme, 30 oct.

Enseignement spirituel
-n'aide que ceux qui sont prêts à le recevoir, 26 juin.

Entités angéliques
-les attirer en leur donnant des conditions favorables, 18 déc.

Entités célestes
-peu importe sous quelle forme nous avons recours à elles, 9 avril.

Épreuve
-elle est terminée quand nous pouvons nous en réjouir, 13 oct.

Épreuves
-révèlent la véritable nature des êtres, 21 août.

Équilibre psychique
-suppose qu'on ne change pas sans cesse d'orientation, 26 août.

Escargot
-nous donne une idée des relations de Dieu avec l'univers, 27 juin.

Esprit et matière
-en tant qu'aspects des principes masculin et féminin, 1 mars.

Esprits de la nature
-prendre conscience de leur existence et de leur travail, 27 août.

Esprits familiaux
-expliquent en partie la complexité de l'être humain, 28 mai.

Estime du Ciel
-plus souhaitable que celle des humains, 27 oct.

États négatifs
-nous pouvons y puiser des énergies, 16 mars.
-c'est nous qui les attirons, 4 mai.

Être humain
-une divinité qui ne sait pas encore se manifester, 29 janv.
-l'étudier sur l'Arbre cosmique, 3 août.

Évolution de l'homme
-analogie avec celle de la terre, 25 août.

Exercices
-leur utilité. Un exercice à faire tous les jours, 20 oct.

Expériences sexuelles
-déceptions pour les jeunes qui les font prématurément, 23 août.

Expériences vécues
-plus convaincantes que les explications, 19 fév.

Extrême-onction
-sa signification, 3 oct.

F

Facultés
-les concentrer sur des acquisitions spirituelles, 14 juil.

Facultés et talents
-les protéger en les consacrant à Dieu, 17 juil.

Facultés spirituelles
-peuvent seules mettre à l'abri des troubles psychiques, 23 fév.

Faiblesses et vices
-inspirent souvent les conceptions de la vie, 6 juil.

Faire le bien
-exige parfois de prendre quelques précautions, 3 mars.

Famille naturelle
-et famille spirituelle, 8 mars.

Fatigue
-est vaincue par l'activité, 29 juin.

Féeries
-de notre monde intérieur, 15 mai.

Feu et lumière
-dont nous pouvons nous nourrir au lever du soleil, 5 avril.

Fraternité universelle
-cette idée est de l'or, 30 juil.

Fusion avec Dieu
-rencontre de notre lumière avec sa lumière, 22 déc.

G

Gaieté
-expression de l'amour, 8 juil.
-entretient la souplesse du cerveau et du corps physique, 25 oct.

Graines
-bonnes ou mauvaises, elles ont le droit de pousser, 29 oct.

Grandes choses
-pour les réaliser, commencer modestement et persévérer, 8 oct.

H

Harmonie
-mot à garder en nous comme un diapason, 16 janv.

Hiérarchie cosmique
-attitude que nous devons avoir vis-à-vis d'elle, 12 juil.

Hiérarchie des valeurs
-que nous devons connaître et respecter, 18 juil.

Hiérarchies angéliques
-leur donner une place dans notre vie spirituelle, 30 avril.
-des phares sur le chemin qui nous conduit à Dieu, 1 oct.

Homme
-doit mériter l'estime de la femme, 24 fév.

Hommes et femmes
-danger de l'uniformisation, 21 oct.

Humilité
-se mettre au service du Seigneur, 20 déc.

I

« Il est plus facile à un chameau… »
-commentaire, 5 déc.

Images
-parce qu'elles sont vivantes elles ont un grand pouvoir, 21 juil.

Immensité de Dieu
-comment la concevoir, 18 juin.

Incarnation prochaine
-la préparer, 2 juil.

Indulgence et sévérité
-un équilibre à trouver entre les deux, 10 oct.

Infiniment grand
-ne peut s'atteindre que par l'infiniment petit, nos cellules, 26 sept.

Initié
-comme le soleil et comme le Christ, il projette la lumière, 23 mai.

Injures ou louanges
-ne pas y répondre. Anecdote, 17 janv.

Inspiration
-véritable, a son origine dans le monde divin, 6 déc.

Instinct et intuition
-facultés analogues manifestées dans deux régions différentes, 28 avril.

Instinct sexuel
-et amour spirituel : leurs manifestations, 9 déc.

Intellect
-n'est pas encore l'intelligence, 25 janv.
-place l'homme à la frontière du monde d'en bas et du monde d'en haut, 13 avril.

-insuffisant pour connaître les lois du monde supérieur, 6 juin.

Intelligence
-existe partout dans l'univers, 1 juin.

Ivresse
-la rechercher dans l'eau qui coule des montagnes spirituelles, 9 juin.

J

«Je suis la lumière du monde»
-commentaire, 31 mai.

«Je suis le pain vivant»
-commentaire, 21 avril.

Jésus
-comme lui nous sommes tous fils de Dieu, 18 oct.

Jeûner
-une autre façon de se nourrir, 13 mars.

Joie
-de ressentir la vie comme un don de Dieu, 2 janv.
-ne nous quitte pas si nous savons vivre dans les régions de l'âme et de l'esprit, 30 sept.

Jugements
-que nous portons sur les autres, parlent aussi de nous, 28 août.
-se poser des questions sur leur bien-fondé, 26 oct.

K

Karma et dharma
-deux aspects de la loi des causes et des conséquences, 1 fév.

Kundalini
-ne chercher à l'éveiller que par la pureté et la maîtrise de soi, 22 juin.

L

«Le plus grand parmi vous sera votre serviteur»
-commentaire, 29 août.

Libération
-ses signes avant-coureurs, 13 fév.

Liberté
-de celui qui n'a pas à se préoccuper de biens matériels, 3 déc.

Loi de l'accélération du mouvement
-appliquée à la vie psychique, 17 sept.

Loi de l'écho
-une application : le bien que nous faisons aux autres revient vers nous, 27 sept.

Lois de la sagesse
-et méthodes de l'amour d'après lesquelles nous devons travailler, 25 avril.

Loup
- un symbole du diable, 22 oct.

Lumière
- esprit vivant, conscient et agissant, 21 juin.
- seule arme que nous devons employer, 24 août.
- or spirituel, 5 oct.
- arme contre les entités malfaisantes, 10 oct.
- la comprendre et l'aimer ne suffisent pas, 21 oct.

M

Maître
- n'attendre de lui que des connaissances et des méthodes, 4 mars.

Maître spirituel
- acquérir ses qualités par des exercices d'identification, 31 janv.
- réveille dans ses disciples le souvenir des expériences passées, 28 fév.
- conditions pour qu'une rencontre avec lui soit bénéfique, 22 juil.
- est d'abord un exemple, 13 déc.

Maîtrise
- de l'instinct d'agressivité et de l'instinct sexuel nous renforce, 22 janv.

Majorité spirituelle
- que l'homme atteint quand il reçoit le Saint-Esprit, 29 oct.

Mal
- que l'on fait à soi-même, on le fait aussi au monde entier, 18 janv.
- apprendre à l'utiliser pour le bien, 14 juin.
- éléments que nous devons apprendre à utiliser dans notre laboratoire intérieur, 11 juil.

Matière
- son évolution n'est possible que grâce à l'involution de l'esprit, 25 fév.
- ne disparaît jamais car elle est le pôle complémentaire de l'esprit, 9 mars.
- ses racines sont en Dieu. Les quatre Animaux saints contemplés par saint Jean, 19 déc.

Mauvaise habitude
- cliché qu'il faut neutraliser par un autre, meilleur, 20 janv.

Médecine officielle
- ses connaissances sont indispensables pour celui qui veut soigner, 9 oct.

Méditation
- une pause dans la marche précipitée du temps, 5 janv.
- exercice dangereux si on n'a

pas appris à maîtriser sa vie psychique, 15 juin.
- nécessite d'avoir une méthode, 27 juil.

Mère
- comment elle peut travailler sur l'enfant qui va naître, 17 août.

Météorologie
- ses correspondances en nous, 6 mars.

Minute après minute
- bien vivre la journée entière, 1 janv.

Moments
- que nous devons vivre en pleine conscience, 3 juil.

« Mon Père et moi nous sommes un »
- commentaire, 17 mai.

Monde invisible
- méthode inoffensive pour y avoir accès, 11 déc.

Monde spirituel
- celui des plus grandes certitudes si on sait comment s'y diriger, 30 août.

Morale
- son fondement : la conscience de l'unité, 7 fév.

Morts
- ne ressuscitent pas, 19 juin.

Musique et chant
- produisent des vibrations qui attirent les entités célestes, 20 mars.

N

Nature inférieure
- des êtres : pourquoi nous ne devons pas la satisfaire, 18 mars.
- s'oppose toujours aux bons projets de la nature supérieure, 19 avril.

Nature supérieure et nature inférieure
- complémentaires en nous, comme le sont l'esprit et la matière, 13 sept.

Noël
- la naissance du Christ en nous, 25 déc.

Non-violence
- conditions pour qu'elle soit applicable, 22 fév.

« Notre Père, qui es aux cieux »
- le programme à réaliser, 3 fév.

Nourriture
- nous instruit par ses éléments subtils, 2 déc.

Nourritures psychiques
- mêmes règles à observer que pour la nourriture physique, 24 juin.

O

Objets
- peuvent devenir la demeure de l'Esprit divin, 2 oct.

Obstacles
- occasions de remporter des victoires dont nous ne nous serions pas crus capables, 29 déc.

Optimisme et pessimisme
- deux points de vue sur l'existence, 27 mars.

Or
- le soleil est son père. Conséquences pour notre vie intérieure, 21 mars.

Orchestre
- nous apprend comment nous harmoniser malgré nos différences, 29 mai.

Orgueil
- un défaut de l'intellect, 17 oct.

Ouvrier dans le champ du Seigneur
- conséquences de cet engagement, 27 fév.

Ouvriers du Ciel
- que nous devons devenir : les conditions à remplir, 14 avril.

P

Paquebot
- image de notre destinée, 7 août.

Paradis
- analogie avec le symbole d'Isis dévoilée, 30 juin.

Parents et éducateurs
- doivent être attentifs à la façon dont ils parlent aux enfants, 2 avril.

Paresse
- plus dangereuse que les autres tendances inférieures, 26 janv.

Parfums
- exhalés par la souffrance de ceux qui savent se sacrifier, 24 janv.

Parole
- sa puissance créatrice, 8 mai.
- prendre conscience des sentiments qu'elle fait naître, 5 sept.

Parole du Maître
- ne peut qu'indiquer le chemin, 16 août.

Parole magique
- est remplie de lumière et d'amour, 17 déc.

Patience de Dieu
- expression de son amour, 9 mai.

Patrie céleste
- nous sommes tous prédestinés à la rejoindre un jour, 10 sept.

Péché originel
- n'est pas une fatalité irrémédiable, 14 sept.

Pensée
- dans les moments de tristesse ou de désespoir elle doit s'imposer à la sensation, 11 janv.

Pensée et sentiment
- leur place respective, 14 janv.

Pensées
- des enfants que nous laissons partir dans le monde, 16 mai.

Pessimisme
- a pour origine des ambitions déçues, 8 juin.

Place
- personne ne peut prendre celle qui vous a été donnée, 14 mars.

Plaisir
- danger de le prendre pour guide, 11 avril.
- ne pas le confondre avec l'amour, 23 oct.

Plan causal
- un sommet en nous que nous atteignons par la méditation, 2 mars.

Poésie
- sa supériorité sur la musique, 14 fév.

Point de vue
- que nous avons sur les choses a un effet magique, 20 oct.

Pouce
- ses relations avec la vitalité et la volonté, 2 juin.

Préparation
- nécessaire avant toute manifestation, 24 déc.

Présent
- difficile à interpréter car nous ne connaissons ni le passé ni l'avenir, 15 oct.

Prière
- nous projette auprès de Dieu et de ses anges, 10 janv.
- nous fait entrer dans une autre dimension, 27 mai.

Principe divin
- se soumettre à ses règles afin qu'il vienne se manifester en nous, 7 juil.

Principes
- sont éternels, pas les formes, 19 juil.

Privations
- conditions pour alimenter en nous la vie de l'esprit, 6 août.

Problèmes
- pour être résolu, chacun exige une méthode différente, 28 janv.

Progrès technique
- ses dangers : affaiblir les humains et les rendre dépendants, 16 sept.

Projets
-attendre, si possible, avant de les faire connaître, 14 oct.

Protection
-c'est à nous de l'assurer avec tous les instruments que le Ciel nous a donnés, 10 avril.

Psychologie et pédagogie
-doivent être mises à la première place, 21 fév.

Puissance
-on ne la trouve que dans les plans supérieurs, 8 avril.

Pureté et impureté
-relations avec la nature supérieure et la nature inférieure, 23 juil.

Q

Qualités et vertus
-nous en sommes seulement les transmetteurs, 4 sept.

R

Radiations, émanations, vibrations
-interprétation symbolique de ces phénomènes, 12 fév.

Réceptivité
-au monde invisible : conditions où cette attitude est sans danger, 19 janv.

Règles morales
-particulièrement nécessaires pour les êtres faibles, 2 sept.

Réincarnation
-l'admettre nous éclaire sur la justice divine, 18 avril.

« Réjouissez-vous de ce que vos noms sont inscrits dans les cieux »
-commentaire, 23 avril.

Religion
-n'est plus nécessaire quand règne l'amour, 24 mai.
-son fondement : servir Dieu en nous-même, 24 juil.

Remercier
-habitude qui agit bénéfiquement sur notre matière psychique, 22 mai.

Remords
-n'est utile que dans la mesure où on décide de se corriger, 26 juil.

« Rendez à César ce qui est à César »
-commentaire, 10 mai.

Renouveler (Se)
-pour toujours inspirer l'intérêt et l'affection, 7 avril.

Respiration
-nous met en contact avec la vie universelle. Un exercice, 13 juil.

Richesses
-ne pas les convoiter ni les garder pour soi, 23 mars.
-on ne possède vraiment que celles qu'on est capable de donner, 28 oct.

Plus d'information sur nos collections : 1-800-854-8212
www.prosveta-canada.com

Œuvres complètes
(32 titres)

Collection Izvor
(45 titres)

Synthèse
en 3 volumes

Conférences sur
cassettes audio
et disques compacts
(plus d'une trentaine
de titres)

BON DE COMMANDE

Tous nos ouvrages sont en vente dans les librairies. Si vous ne trouvez pas nos livres dans les points de vente, utilisez cette carte de vente par correspondance : indiquez ci-dessous l'auteur et les titres choisis.

Ou commandez par téléphone au 1-800-854-8212

Faire parvenir à :

PROSVETA inc.

3950, Albert Mines, Canton de Hatley, Québec J0B 2C0

Rire
-ses bienfaits, 3 avril.

S

Sacrifice
-on donne tout et on reçoit tout, 12 janv.
-n'est pas une privation, mais un déplacement sur un plan supérieur, 15 oct.
-imprime en nous la marque du soleil, 15 déc.

Sagesse
-un équilibre à rétablir sans cesse. Exemple du funambule, 7 mars.
-nous indique le chemin vers le haut, 20 sept.
-pourquoi celle des uns profite rarement aux autres, 6 oct.

Saint-Esprit
-ne visite que celui qui lui a préparé une demeure, 12 juin.

Scaphandrier
-analogie avec la situation des humains dans le monde, 22 oct.

Science
-est neutre en soi, tout dépend comment on l'utilise, 6 avril.

Science initiatique
-danger de l'aborder sans précautions, 16 oct.

Science, religion, art
-activités de l'intellect, du cœur et de la volonté, 9 fév.

Se connaître
-pour progresser spirituellement, 15 fév.

Se parfumer
-pour la femme, un souvenir du Paradis, 4 oct.

Se taire
-pour ne pas regretter d'avoir fait certaines révélations, 28 juin.

Secours
-nous vient surtout de notre monde intérieur, 27 oct.

«Seigneur, j'aime ta sagesse, j'ai foi en ton amour, j'espère en ta puissance»
-interprétation, 20 avril.

Sens du merveilleux
-propre aux enfants et qu'ils perdent malheureusement avec l'âge, 9 juil.

Sentiment et geste
-relation entre eux, 21 mai.

Séraphins
-parfaite manifestation de l'amour, 13 juin.

Serpent astral
-symbolisé par le caducée, 5 juil.

Service du Seigneur
-exige une longue préparation, 11 juin.

Servir Dieu
-dès sa jeunesse, 19 mai.

Servir le Seigneur
-seule demande à Lui adresser, 12 mai.

« Si ton œil est pur… »
-commentaire, 12 août.

Simplicité
-quitter la périphérie pour rejoindre le centre, 26 avril.

Soleil
-nous ne le connaissons qu'à travers nos sens spirituels, 9 août.
-comme lui nous devons nous renouveler chaque jour, 23 sept.

Sommeil
-voyage sacré que nous faisons dans l'autre monde, 13 janv.

Sourire
-ce qu'il doit exprimer, 11 sept.

« Soyez parfaits comme votre Père céleste est parfait »
-pensée fondamentale sur laquelle nous devons construire notre vie, 24 mars.

T

Temps
-toujours nécessaire pour se redresser, 17 juin.
-n'est jamais perdu si on sait comment travailler, 20 août.
-pour le travail spirituel, ne jamais s'en préoccuper, 4 déc.

Temps perdu
-peut d'une certaine façon se rattraper, 18 oct.

Tentations
-c'est chaque jour que nous avons à les vaincre, 5 fév.

Terre
-reflet du Ciel. Conséquence de cette idée, 15 mars.
-son avenir dépend des humains, 30 déc.

Tête
-ceux qui en souffrent ou qui la perdent doivent apprendre à mieux penser, 16 juil.

Travail
-ne compter que sur lui, 6 sept.

Travail de la Création
-c'est pour y participer que nous sommes venus sur la terre, 4 juin.

Tribunaux
-existent aussi en l'homme, 17 oct.

U

Union
-avec le Principe divin à laquelle tout être aspire, 6 mai.

Unité
-n'est pas uniformité, 15 sept.

Univers
- comparable à un grand livre - « Au commencement était le Verbe », 4 oct.

V

Vacances
- comment mettre à profit cette période, 1 août.

« Veillez et priez »
- comment comprendre Veillez, 19 oct.

Verbe
- est créateur parce qu'il réunit les deux principes masculin et féminin, 31 mars.

Vérité
- avant de la dire, consulter la sagesse et l'amour, 30 mai.

Vérités
- comment travailler avec elles, 3 janv.
- sur lesquelles nous devons travailler chaque jour, 26 mars.

Vertus
- laissez-passer pour le monde divin, 8 janv.
- éclairent et protègent l'homme après la mort, 2 oct.

Vie
- toujours plus puissante que la mort, 12 avril.
- chacun se prononce sur elle selon le niveau qui est le sien, 1 juil.

Vie cosmique
- des courants qui traversent l'espace et qui peuvent être captés, 25 juin.

Vie matérielle
- et vie spirituelle : la question des buts et des moyens, 7 oct.

Vie quotidienne
- un socle sur lequel nous construisons nos grands projets, 11 mars.

Vie spirituelle
- inutile de s'y engager si on ne sait pas combien c'est difficile, 17 avril.
- une ascension à poursuivre jusqu'au bout, 24 avril.
- une terre dans laquelle nous allons croître et donner des fruits, 26 déc.

Vie terrestre
- nous est donnée pour faire un travail, 8 déc.

Vieillesse
- nous oblige à nous intérioriser, 22 sept.

Vieillissement
- inévitable dans le plan physique mais pas dans le plan spirituel, 4 fév.

Vigilance
- frein qui permet de maîtriser le chaos intérieur, 26 mai.

Visage
-inutilité de se fabriquer des expressions artificielles, 13 mai.

Vivifier (Se)
-en se réjouissant de tout ce qui existe, 23 janv.

Voie du salut
-il est toujours possible de la trouver, quelles que soient les erreurs commises, 27 déc.

Volonté
-doit être constamment mobilisée, 3 nov.
-l'exercer sur soi-même plutôt que sur les autres, 16 déc.

Volonté de Dieu
-n'est pas relative à chacun de nous, 9 oct.

Du même auteur :

Collection des « Œuvres Complètes »

Tome 1 – La deuxième naissance
Amour, Sagesse, Vérité
Tome 2 – L'alchimie spirituelle
Tome 3 – Les deux arbres du Paradis
Tome 4 – Le grain de sénevé
Tome 5 – Les puissances de la vie
Tome 6 – L'harmonie
Tome 7 – Les mystères de Iésod,
les fondements de la vie spirituelle
Tome 8 – Langage symbolique, langage de la nature
Tome 9 – « Au commencement était le Verbe »
commentaires des Évangiles
Tome 10 – Les splendeurs de Tiphéreth,
le soleil dans la pratique spirituelle
Tome 11 – La clef essentielle
pour résoudre les problèmes de l'existence
Tome 12 – Les lois de la morale cosmique
Tome 13 – La nouvelle terre
Méthodes, exercices, formules, prières
Tome 14 – L'amour et la sexualité *
Tome 15 – L'amour et la sexualité **
Tome 16 – Hrani Yoga
Le sens alchimique et magique de la nutrition
Tome 17 – « Connais-toi, toi-même » Jnani yoga *
Tome 18 – « Connais-toi, toi-même » Jnani yoga **
Tome 19 – Zémia, *la terre - Une pensée pour chaque jour*
Tome 20 – Voda, *l'eau - Une pensée pour chaque jour*
Tome 21 – Veuzdouh, *l'air - Une pensée pour chaque jour*
Tome 22 – Oguèn, *le feu - Une pensée pour chaque jour*
Tome 23 – La nouvelle religion : solaire et universelle *
Tome 24 – La nouvelle religion : solaire et universelle **
Tome 25 – Le Verseau et l'avènement de l'Âge d'Or *
Tome 26 – Le Verseau et l'avènement de l'Âge d'Or **
Tome 27 – La pédagogie initiatique *
Tome 28 – La pédagogie initiatique **
Tome 29 – La pédagogie initiatique ***
Tome 30 – Vie et travail à l'École divine *
Tome 31 – Vie et travail à l'École divine **
Tome 32 – Les fruits de l'Arbre de Vie
La tradition kabbalistique

Du même auteur:

Collection Izvor

200 – Hommage au Maître Peter Deunov
201 – Vers une civilisation solaire
202 – L'homme à la conquête de sa destinée
203 – Une éducation qui commence avant la naissance
204 – Le yoga de la nutrition
205 – La force sexuelle ou le Dragon ailé
206 – Une philosophie de l'Universel
207 – Qu'est-ce qu'un Maître spirituel ?
208 – L'égrégore de la Colombe ou le règne de la paix
209 – Noël et Pâques dans la tradition initiatique
210 – L'arbre de la connaissance du bien et du mal
211 – La liberté, victoire de l'esprit
212 – La lumière, esprit vivant
213 – Nature humaine et nature divine
214 – La galvanoplastie spirituelle et l'avenir de l'humanité
215 – Le véritable enseignement du Christ
216 – Les secrets du livre de la nature
217 – Nouvelle lumière sur les Évangiles
218 – Le langage des figures géométriques
219 – Centres et corps subtils – *Aura, plexus solaire, centre Hara…*
220 – Le zodiaque, clé de l'homme et de l'univers
221 – Le travail alchimique ou la quête de la perfection
222 – La vie psychique : éléments et structures
223 – Création artistique et création spirituelle
224 – Puissances de la pensée
225 – Harmonie et santé
226 – Le Livre de la Magie divine
227 – Règles d'or pour la vie quotidienne
228 – Regards sur l'invisible
229 – La voie du silence
230 – Approche de la Cité céleste – *Commentaires de l'Apocalypse*
231 – Les semences du bonheur
232 – Les révélations du feu et de l'eau
233 – Un avenir pour la jeunesse
234 – La vérité, fruit de la sagesse et de l'amour
235 – « En esprit et en vérité »
236 – De l'homme à Dieu – *Séphiroth et hiérarchies angéliques*
237 – La Balance cosmique – *Le nombre* 2
238 – La foi qui transporte les montagnes
239 – L'amour plus grand que la foi
240 – Qu'est-ce qu'un fils de Dieu ?
241 – La pierre philosophale – *des Évangiles aux traités alchimiques*
242 – Aux sources inaltérables de la joie
243 – Le rire du sage
244 – Marchez tant que vous avez la lumière

Du même auteur :

DVDs de conférences vidéo (improvisées)

DVD7001FR – La prière, les bienfaits de la collectivité

Conférence en français – Sous-titrage en Allemand - Anglais - Bulgare - Espagnol - Français - Italien - Néerlandais - Norvégien - Polonais - Portugais - Roumain - Russe

DVD7002FR – Seul un haut idéal apporte la plénitude

Conférence en français – Sous-titrage en Allemand - Anglais - Bulgare - Espagnol - Français - Italien - Norvégien - Polonais - Portugais - Roumain - Russe - Tchèque

DVD7003FR – En chemin vers l'universel, la fraternité

Conférence en français – Sous-titrage en Allemand - Anglais - Espagnol - Français - Italien - Néerlandais - Polonais - Portugais - Russe

Disques compacts (Conférences improvisées)

CD5001FR – Le sens cosmique, mystique et historique de Noël
CD5002FR – L'importance de l'ambiance
CD5003FR – La science de l'éducation
CD5004FR – La prière
CD5005FR – La loi de l'enregistrement
CD5006FR – La véritable vie spirituelle
CD5007FR – L'aura
CD5008FR – La mission de l'art
CD5010FR – Déterminisme et indéterminisme
CD5011FR – La vraie beauté
CD5012FR – Introduction à l'astrologie initiatique *(triple CD)*
CD5013FR – L'Éternel Printemps
CD5014FR – La méditation *(triple CD)*
CD5015FR – Messages et conférence
CD5017FR – Le bonheur
CD5018FR – La réincarnation *(triple CD)*
CD5019FR – La science de l'unité
CD5020FR – Le monde des archétypes
CD5021FR Les deux natures de l'être humain
CD5022FR – Le symbolisme de la porte étroite □
Créer une famille universelle
CD5023FR – Pour être aimé, il faut être vivant
CD5024FR – Le sens de l'Initiation *(triple CD)*
CD5025FR – La nutrition : une science encore méconnue
CD5026FR – L'alphabet cosmique
CD5027FR – Sagesse et intelligence - Les lois de la polarité

Éditeur-Distributeur
Éditions Prosveta S.A. - Z.A. Le Capitou - B.P. 12
F - 83601 Fréjus CEDEX (France)
Tél. (33) 04 94 19 33 33 – Fax (33) 04 94 19 33 34
E-mail: international@prosveta.com
Site Internet: www.prosveta.com

Éditeurs et/ou distributeurs

ALLEMAGNE
PROSVETA Verlag GmbH – Heerstrasse 55 – 78628 Rottweil
Tél. (49) 741-46551 – Fax. (49) 741-46552 – e-mail: prosveta7@aol.com

ARGENTINE
ASOCIACIÓN SOPHIA – Chile 1736 – Ciudad Mendoza
Tél (54) 261 420 10 47 – e-mail: info@sophia.org.ar

AUSTRALIE
PROSVETA AUSTRALIA – 16 Galway Gardens – Warnbro WA 6169
Tél. (61) 8 9594 1145 – e-mail: prosveta.au@aapt.net.au

AUTRICHE
HARMONIEQUELL VERSAND – Hof 37 – A- 5302 Henndorf am Wallersee
Tél. / Fax. (43) 6214 7413 – e-mail: info@prosveta.at

BELGIQUE & LUXEMBOURG
PROSVETA BENELUX – Chaussée de Merchtem 123 – 1780 Wemmel
Tél./Fax (32) 2 460 1362 – e-mail : prosveta@skynet.be
N.V. MAKLU Somersstraat 13-15 – B-2000 Antwerpen
Tél. (32) 3/231 29 00 – Fax (32) 3/233 26 59
S.D.L. CARAVELLE S.A. – rue du Pré aux Oies, 303 – 1130 Bruxelles
Tél. (32) 2 240 93 00 – Fax (32) 2 216 35 98
e-mail : info@sdlcaravelle.com

BOLIVIA
BELTRÁN – Calle Muñoz Cornejo, Sopocachi – La Paz
e-mail: mariabelre@yahoo.es

BULGARIE
SVETOGLED – Bd Saborny 16 A, appt 11 – 9000 Varna
e-mail: vassil100@abv.bg – Tél. / Fax. (359) 52 63 90 94

CANADA
PROSVETA Inc. – 3950, Albert Mines – Canton-de-Hatley (Qc), J0B 2C0
Tél. (819) 564-8212 – Fax. (819) 564-1823 – in Canada, call toll free: 1-800-854-8212
e-mail: prosveta@prosveta-canada.com / www.prosveta-canada.com

COLOMBIE
PROSVETA COLOMBIA
Calle 174 Número 54B – 50 Interior 6 – Villa del Prado – Bogotá
Tél. (57 1) 6 14 53 85 / 6 72 16 89 – Fax. (57 1) 6 33 58 03
Portable: (57) 311 8 10 25 42 – e-mail: kalagiya@hotmail.com

CONGO
PROSVETA CONGO – 29, Avenue de la Révolution – B.P. 768 – Pointe-Noire
Tél. (242) 948156 / (242) 5531254 – Fax. (242) 948156
e-mail: prosvetacongo@yahoo.fr

CÔTE D'IVOIRE
Librairie Prosveta – 25 rue Paul Langevin Zone 4C – 01 B.P. 2 – Abidjan 01
e-mail: prosvetafrique@yahoo.fr – Tél/Fax: (225) 21 25 42 11

PAYS-BAS

STICHTING PROSVETA NEDERLAND – Zeestraat 50 – 2042 LC Zandvoort
Tél. (31) 33 25 345 75 – Fax. (31) 33 25 803 20 – e-mail: prosveta@worldonline.n

POLOGNE

WENA Studio Tworczej Ekspresji s.c. – ul. Nowina 36, PL 60-589 Poznan
Tél. 0048 61 843 65 25 – e-mail: biuro@wenastudio.pl

PORTUGAL

EDIÇÕES PROSVETA – Rua Palmira 66 r/c - C – 1170 - 287 Lisboa
Tél. / Fax (351) 213 540 764 – e-mail: prosvetapt@hotmail.com

RÉPUBLIQUE TCHÈQUE

PROSVETA – Ant. Sovy 18 – Ceské Budejovice 370 05
Tél. / Fax. (420) 38-53 10 227 – e-mail: prosveta@iol.cz

ROUMANIE

ANTAR – Str. N. Constantinescu 10
Bloc 16A - sc A - Apt. 9 – Sector 1 – 71253 Bucarest
Tél. 004021-231 28 78 – Tél. / Fax. 004021-231 37 19
e-mail : prosveta_ro@yahoo.com

RUSSIE

EDITIONS PROSVETA – 143 964 Moskovskaya oblast, g. Reutov – 4, post/box 4
Tél./ Fax (495) 525 18 17 – Tél. (495) 795 70 74 – e-mail: prosvetarus@gmail.com

SERBIE

ÉDITIONS GLOSARIJUM (pour la langue serbe) – Rige od Fere 12 – Beograd
Tél./Fax 011/2182-163 – e-mail: glosarijum@glosarijum.com

SUISSE

PROSVETA Société Coopérative
Ch. de la Céramone 13 – CH - 1808 Les Monts-de-Corsier
Tél. (41) 21 921 92 18 – Fax. (41) 21 922 92 04 – e-mail: editions@prosveta.ch

VENEZUELA

PROSVETA VENEZUELA C. A. – Calle Madrid
Edificio La Trinidad – Las Mercedes – Caracas D.F.
Tél. (58) 414 134 75 34 – e-mail: prosvetavenezuela@gmail.com

L'association Fraternité Blanche Universelle
a pour but l'étude et l'application de l'Enseignement
du Maître Omraam Mikhaël Aïvanhov édité et diffusé
par les Éditions Prosveta.
Pour tout renseignement sur l'association et ses activités, s'adresser au Secrétariat
de la Fraternité Blanche Universelle
2 rue du Belvédère de la Ronce
F - 92310 SÈVRES, FRANCE
Tel. (33) 01 45 34 08 85 – Fax (33) 01 46 23 09 26
E-mail: fbu@fbu.org – Site internet - www.fbu.org

Achevé d'imprimer en juin 2010
par GRAFICA VENETA S.p.A.
Via Malcanton, 2 – 35010 Trebaseleghe (PD) – Italy

Dépôt légal : juin 2010

ESPAGNE

ASOCIACIÓN PROSVETA ESPAÑOLA – C/ Ausias March n° 23 Ático
SP-08010 Barcelona – Tél. (34) (93) 412 31 85 – Fax. (34) (93) 318 89 01
e-mail: aprosveta@prosveta.es

ÉTATS-UNIS

PROSVETA US Dist.
29781 Shenandoah LN – Canyon Country CA 91387
Tél. (661) 252-9090
e-mail: prosveta-usa@earthlink.net. / www.prosveta-usa.com

FRANCE – DOM TOM

Éditions Prosveta S.A. - B.P. 12 – F - 83601 Fréjus CEDEX (France)
Tél. (33) 04 94 19 33 33 – Fax (33) 04 94 19 33 34
e-mail: international@prosveta.com – www.prosveta.com

GRANDE-BRETAGNE – IRLANDE

PROSVETA – The Doves Nest, Duddleswell Uckfield – East Sussex TN 22 3JJ
Tél. (44) (01825) 712988 – Fax. (44) (01825)713386
e-mail: prosveta@pavilion.co.uk

GRÈCE

PYRINOS KOSMOS – BOOK - PUBLISHERS
16 Hippocratous Str., 106 80 ATHENS
Tél. 30/1/3602883, 30/1/3615233 – Fax : 30/1/3611234
e-mail : info@pyrinoskosmos.gr – www.pyrinoskosmos.gr

HAÏTI

PROSVETA DÉPÔT HAÏTI – Angle rue Faustin 1er et rue Bois Patate #25 bis
6110 Port-au-Prince
Tél. (509) 22 45 18 65 – Portable : (509) 34 64 80 88
e-mail: rbaaudant@yahoo.com

INDE

VIJ BOOKS INDIA PVT. LTD. *(Anglais et Hindi)*
4675-A, 21 Ansari Road, Darya Ganj, New Dehli - 110 002
Tél. + 91-11-43596460, 011-65449971 – Fax +91-11-30126465
e-mail: vijbooks@rediffmail.com – www.vanishbooks.com

ISRAËL

Zohar, P.B. 1046, Netanya 42110 – e-mail: prosveta.il@hotmail.com

ITALIE

PROSVETA Coop. a r.l. – Casella Postale 55 – 06068 Tavernelle (PG)
Tél. (39) 075-835 84 98 – Fax (39) 075-6306 20 18 – e-mail: prosveta@tin.it

LIBAN

PROSVETA LIBAN – P.O. Box 90-995
Jdeidet-el-Metn, Beirut – Tél. (03) 448560 – e-mail: prosveta_lb@terra.net.lb

LITUANIE

LEIDYKLA MIJALBA
Gedimino G 26 B – 44319 Kaunas – Tél. 370.687 8760 – Fax 370.37 353088
e-mail: info@mijalba.com – www.mijalba.com

NORVÈGE

PROSVETA NORDEN – Postboks 318, N-1502 Moss
Tél. (47) 69 26 51 40 – Fax. (47) 69 26 51 08 – e-mail: info@prosveta.no

NOUVELLE-ZÉLANDE

PROSVETA NEW ZEALAND LTD – 90 Potae Avenue – Gisborne
Tel. (64) (0)9 889 0805 – port. 027 3560107 – e-mail: info@prosveta.co.nz